法律
千萬別來念

楊智傑——著

推薦序

反壟斷的新紀元——從經濟學的角度看律師國考

張明宗

楊智傑先生在本書的第一版刊行之後，贈送一本給本人。很快看過本書之後，在一個公開場合，我告訴楊先生我的感想，我認為本書對國家社會應該會有很大的貢獻。至今，我仍然持相同的看法。我會有上述評價，主要是基於下述原因：楊先生寫作此書一開始的動力乃是來自於對於法律的國家考試的不滿，可貴的是楊先生對現行體制的批評是一種「發乎情，止乎『理』」的「不平之鳴」。

對於現行權威的批判，個人通常認為我們應該採取「發乎情，止乎理」的原則來對待之與衡量之：「發乎情」的意思是說，我們應該容忍甚至鼓勵「不平則鳴」；因為「不平之鳴」的表達方式如果得當，可以吸引社會各界來理性辯論該「不平之鳴」所引發的種種議題，如此便可以使社會「得其公正」。「止乎理」的意思是說批評應該具體、有內容，而且批評者所根據的資料最好是旁人可以加以驗證的（例如一篇學術論文的主張可能是根據公開的文獻或者是利用數學推導出來，這些都是第三者可以驗證的）。總之，如果一個不平之鳴在表達方式方面符合「止乎理」的原則，則不平之鳴不但可以滿足個人感情的抒發，也可以提高社會公益。

本書的値得推薦之處乃是它是一個「止乎理」的不平之鳴，本書沒有流於內容空洞的謾罵。由本書的內容可知，作者本身平常即好學深思，而且爲了寫作本書又做了不少功課：花了不少時間把自己以往在法律學界的所見所聞整理出來，並且蒐集資料、引經據典來印證自己的想法。由於作者對於國家考試的種種批評相當具體，不管我們是否同意他的看法，總是提供我們一個理性思辯的起點。換句話說，由於作者做了不少功課，本書對於想要了解法律系學生的生活、學習、所思與未來前景等的各界人士應該是頗具參考價値的一本書。

個人願意推薦本書的另一個原因是，楊先生的這一本書將可以爲我國的「反壟斷」運動推波助瀾，恰好與個人近年來的主張契合，所以個人很樂意共裏盛舉，也期盼大家可以爲我國的「反壟斷」運動助一臂之力。近幾年來，政府與輿論界一直把我國更上一層樓的願景寄託在往外擴張（不管是西進還是南進、北進、東進）與新的高科技產業（如生物科技）。然而，個人卻認爲我們應該把願景寄託在「反壟斷」，或者用一個涵蓋性更廣的說法乃是「打破既得利益」。

「反壟斷」爲何重要？

我國輿論界目前一個嚴重問題是：討論經濟問題時竟然不從主流經濟學出發，似乎完全把在大學之中所學的經濟學完全拋諸腦後。舉一個例子來說，目前台灣的經濟遭遇了空前的困境，其中失業率高達百分之五以上，輿論界在相當多精力在探討這個問題。然而，從經濟學的角度，把焦點集中在像高失業率等等這些表面的問題，其實是捨本逐末的做法（嚴格來說，個體經濟學採取的是均衡分析，個體經濟學根本不承認探討失業是一個有意義的學術問題。更直率的說，從個體經濟學的角度，探討失業問題其實是一個「笨蛋問題」）。我們觀察一個經濟體系是否有問題，其最重要的課題乃是檢視該經濟體系分配資源的機制是否健全。因為如果分配資源的機制良好，縱使短期遭遇到某一些困境，該機制自動會提供一個管道解決之，而能化險為夷。同理，一個經濟體系如果有良好的分配資源的機制，它會自動幫我們選擇往外擴張的最適程度以及最適的方式；它也會自動幫我們選擇適合台灣的新產業。一言以蔽之，如同「君子務本本立而道生」所說的，我國未來最重要的課題乃是要「務本」，亦即，健全分配資源的機制。

更進一步來說，個人認為，健全分配資源的機制的最重要工作乃是「反壟斷」。我們可以用反托拉斯經濟學來說明這個論點。反托拉斯經濟學強調，壟斷力量是使分配資源的機制健全化的重要敵人，因為壟斷力量除了會利用壟斷力量獨吞與其交易的交易者的交易利益之外，還會設法製造進入障礙使新廠商無法進入市場或使用手段驅逐新廠商、小廠商，這些策略都會嚴重阻礙市場競爭機制的運作，使資源無法得到適當的分配。

從美國與歐日國家之間的比較可以讓我們看出「反壟斷」的重要性：從反托拉斯經濟學的觀點，美國經濟表現優於歐、日國家之原因乃在於美國比較眞誠的瓦解壟斷力。美國在一八九〇年開始有反托拉斯法；隨後在一九一一年附近，美國政府分別分割美國煙草、標準石油公司爲許多較小的公司。在一九四〇年代末期與一九五〇年代早期，美國高等法院要求電影業的片商退出放映電影的戲院業。在一九八四年，美國政府與AT&T達成協議，把AT&T分割成爲八家較小公司之後，才准許AT&T進入電腦市場。

歐、日國家事實上也都有與美國類似的反托拉斯法，不過歐、日國家都誤信本國廠商要有壟斷力量，方能在國際上跟他國競爭，所以歐日當然不會眞誠的執行反托拉斯法。例如，日本雖然有「獨占禁止法」，但其執法機關被譏笑成是一隻不會咬人的狗。

美國上述反壟斷政策主要的目的在於降低新廠商的進入障礙（尤其在使新創企業較不會受到既存的壟斷性企業的干擾而得以成立、茁壯）與激化既存廠商之間的競爭。如果我們相信競爭，我們不難理解反壟斷政策的優越性。進入障礙的降低確實使得美國變成是「長江後浪推前浪」的體系；相對而言，歐洲則是爲老大企業一直盤據的經濟體系。半導體產業是說明這種現象的好例子：美國目前著名的半導體廠商如英特爾、美光、超微與國家半導體等等完全都是戰後才成立的新公司，歐洲著名的半導體廠商如菲力普（成立於一八九一年）

與分出億恆的西門子（成立於一八四七年）都是百年以上的公司。關於這些新舊公司的相對績效，大家應該可以同意：在半導體這個新行業，菲力普與西門子這些老公司還是比不上英特爾這些全新的公司。美國不斷用反托拉斯法修理自己的企業，事實上是一個「大智若愚」、旁人如不加細究，很難加以理解的政策。

反壟斷的成功與否可以用來解釋現今美國之所以優於歐日，事實上也是理解人類文明發展的重要角度。例如，在十七世紀，荷蘭可以說是歐洲的首強：歐洲的船隊有一半是荷蘭人的，這個數據可以具體而微的說明荷蘭在十七世紀的強盛。然而，十七世紀的荷蘭最大的錯誤乃是「捨本逐末」：使盡力氣、企圖征服遙遠的美洲與亞洲，但是幾乎從來沒有想過要把其自己國內嚴重阻礙市場機能的地方壁壘掃除乾淨（荷蘭當時乃是由標榜獨立的七個小省所組成，七個省下面還分為許多小不點的城市共和國，重重的地域壁壘使得荷蘭的稅卡眾多）。個人認為，這是荷蘭後來為英國取代的重要原因。

英國在十八、九世紀能打敗歐洲群雄，其實是一個大驚奇，這是因為從事前來看，英國事實上集許多缺點於一身。在十七世紀之前，歐陸不論在文化上或農業、工業與商業技術上，相對於英國，都是先進地區。除此之外，英國在版圖上、人口數目上都遠比歐陸小。英國在這些種種的劣勢下，能夠勝出的重要原因是它能夠徹底的瓦解地域的壟斷力量。反之，歐陸雖大，但由於封建制度與城邦制度的關係，有無數的地域壟斷力量，把歐陸切割成許多小小的市場。英國另外一個優勢乃是，相對於法國與西班牙這些封建制度的領土國家，英國比較能破除貴族階級的壟斷力量，讓非貴族階級有更多發展的機會。

總之，個人認爲一個文明的高低事實上是決定於其反壟斷的成功度。不過，「反壟斷」或「打破既得利益」雖然重要，但是通常不是一件容易的事情。幾乎所有國家都會或多或少會走上另一條看似康莊大道的歧路，亦即「外向政策」，來解決問題；因爲如果成功往外求得新資源，則可以不得罪既得利益又能滿足其他人民的需求。「外向政策」的意思之一乃是企圖透過對外擴張來解決國內的困境。「外向政策」的另一個意思是企圖透過進一步向大自然需索，開發新的天然資源來解決問題；例如，當台灣的用水有所問題時，便有人提出蓋新水庫的要求（其實瓦解現有水資源的既得利益，使現有的水資源做更有效率的運用或許才是正確的答案）。我們必須看清「外向政策」是一個糖衣毒藥，只有反求諸己，把國內現存的壟斷力量瓦解，健全分配資源的機制以有效運用現有資源才是可長可久的良方。「反壟斷」與「打破既得利益」雖然不是一件容易的事情，但我們還是要做，否則我們永遠無法超越歐日，只能跟隨在它們後面，慢慢陷入泥淖。

個人很樂意看到楊先生這本書能讓大家注意到國家考試所造成的壟斷問題，希望大家經由理性的辯論，徹底看清壟斷力量的危害人間，把反壟斷當作是我國的第一要務，未來不止把國家考試造成的壟斷問題解決，更進而擴大到解決其他種種的壟斷力量，讓我們整個體系更競爭，把我們種種被壟斷力量桎梏的活力釋放出來。

由「自願交易原則」分析證照制度

作者這一本書的重點乃是在探討我國律師執照與國家考試制度所引發的問題，作者並於第六章提出一些具體的改革方案。對於作者所提的改革方案，底下讓我從經濟學的觀點提出一些意見。「交易利益」是古典經濟學所重視的概念，在「供給、需求」的分析架構廣為大家熟悉後，「交易利益」可以說被打入冰宮。但「交易利益」之中的「自願交易原則」事實上是很有用的架構，尤其它可以提供一個既簡潔又能「吾道一以貫之」的架構來回答政策問題，它可以言簡意賅的告訴我們政府是否應該干涉以及如何加以干涉。底下，我們將用「自願交易原則」來分析。

「自願交易原則」是說如果交易雙方是自願的，則雙方一定是覺得該交易對雙方都有利，才願意進行。這個原則告訴我們一個重要的大方向：只要交易雙方是自願的，則在通常的情形下，政府不應該加以介入；因爲人民只要有選擇是否要與別人交易的自由，人民自動會趨吉避凶，不須政府費心。不過這個原則並非教條式的堅持自由放任，因爲由「自願交易原則」我們可以導出下面五個政府有需要（但是不見得有必要）加以干涉的時機：有強迫交易時、交易雙方之一有非理性或判斷力不夠時（包含有訊息不對稱性或欺騙時）、交易雖有利於交易雙方但會危害第三者時（亦即有外部性時）、交易一方有壟斷力量而攫取大部分之交易利益時、牽涉到公共財時（公共財的非排除性會使提供公共財的民間無法取得回報，而不願提供，必須由具有強制交易力量的政府提供）。

我們可以從對「訊息不對稱性」與壟斷的角度來分析證照制度。我們將以此工具指出：證照制度如果好好利用，它可以促進交易；然而，如果使用不當，反而會製造壟斷力量來妨礙交易。

「訊息不對稱性」會阻礙交易利益的實現，例如一個個人或一個中小企業所提供的產品品質可能符合某些需求者的要求，但由於個人或中小企業對於陌生者不具備知名度與可信度，所以一般需求者可能不敢冒風險跟他們購買，雙方潛在的交易利益因此沒有被實現。更進一步來說，訊息不對稱性不但會妨礙交易利益的實現，而且也會打擊創業的意願，這是因爲「訊息不對稱性」對於較小或較新的企業特別不利。

證照制度如果妥善運用恰好可以解決訊息不對稱性所造成的問題。例如，我們可以想像此時有一個機構（不見得是要政府機構）提供一個證照，其運作方式如下：只要個人或企業的技術能力或提供的產品經檢查之後，符合該機構所要求的標準，則該機構在有償的條件之下授權這些個人或企業可以使用該證照；另外，該機構也積極向需求者宣揚該證照，以提高該證照的知名度與可信度。如果該證照在需求者心目中有足夠的知名度與可信度，則需求者見到該證照便願意向這種個人或企業購買，而且願意積極尋找有該證照的供給者以進行交易。這種證照制度可稱之爲自願性的證照制度，因爲它並沒有強制需求者只能向有證照者購買。

自願性的證照制度是創造四贏的一個「德政」：它讓要求高品質的需求者有高品質的供給者可以選擇，讓不要求高品質的需求者也有選擇廉價供給者的自由，讓提供高品質的個人或中小企業得以存活，讓提供證照的機構因可以向受惠的個人或中小企業收費得以存活。總的來說，自願性的證照制度因爲促進自願交易，故可以提高效率；另外，自願性的證照制度有幫助個人或中小企業供給者這種弱勢團體的效果，故也可以提高公平性（經濟學之中的公平性關心的是所得重分配。例如，一個政策如果有把資源由富人手中移轉到窮人手中的效果，經濟學認爲這是好現象（如果效率不變的話），此時可說公平性被提高了）。

在上面我們說明了自願性的證照制度是可以創造四贏、既可以提高效率又可以提高公平性的一個「德政」。相反的，在底下我們將說明「強制性的證照」制度則是不折不扣的「暴政」。目前我國有許多證照是所謂的強制性的證照，例如建築師等與營建相關的各種證照，醫生、藥劑師、律師、會計師、教師等。對於這些證照，政府強制規定相關的消費者只能跟有證照者交易。強制性的證照很清楚的會製造壟斷力量，會妨礙、排除某些雙方都願打願挨的自願交易。因此，除非有特殊的情形，強制性的證照的「範圍」或「強度」應該縮小：例如，提高報考證照者的錄取率，或者採取資格考的精神（亦即，只要符合標準，便應給予證照）。

律師執照的改革

如果國家考試按照上述「自願性證照制度」來加以設計，則可以得到上面所說的四贏。讓我們以律師執照當作一個例子來具體說明個人所定義的「自願性證照制度」：「自願性」的意思是說，只要某人從法律系的大學部或研究所畢業，便可取得律師資格，參加國家考試並非取得律師執照的必要條件。事實上這種變革恰好是作者在第五章所提的第三個改革方案：法律系畢業就當然成為律師。

我們目前已經被現行體制長久耳濡目染（說是「污染」其實並不為

過），作者所提的這個方案或許會被視爲一個不成熟的牢騷話而已，不能當眞。然而，個人認爲這個方案其實是相當可行，而且本來就該如此做，因爲我們除了可以用前面所提到的自願性交易原則（以及作者在第五章所提到的種種理由，在此不贅述）來支持這個方案外，事實上，還可以用「競爭」這個大家相當熟悉的觀念來支持之。在這個方案之下，除了在律師服務市場會有很強的競爭，在律師執照的發給方面也會有很強的競爭，因爲我們將會有台大、成大、政大、台北、中正、輔仁、東吳、中原、東海、世新、文化與銘傳等學校可以發給律師執照，沒有任何單位可以完全壟斷證照的發給。

准許大學在競爭的環境之下發給律師執照，將引發許多好的事情。例如，每個大學爲了使自己的「品牌」有所價值，將會有誘因更用心控制畢業生的品質。另外一個促使大學更用心控制畢業生的品質的原因是：因爲已經沒有國家考試當律師執照發給的最後把關者，大學自然而然會更加小心。換言之，在作者的方案三之下，消費者在選擇律師服務時，將會有許多正派、認眞經營的大學品牌可以供消費者選擇，所謂的「訊息不對稱」問題應該可以得到相當程度的解決。

然而，在上述制度之下，國家考試還是可以有事做，因為在上述制度之下，可能還是會有訊息不對稱與壟斷的問題。例如，某些人的律師服務品質並不輸給台大畢業生，然而，他們的畢業學校在人們心目中的評價遠不如台大；換言之，這個訊息不對稱給台大畢業生有壟斷力量。政府如果要解決這個問題，可以設計一個目的在與台大競爭的國家考試：該國家考試的水準設定在台大畢業生的水準，然後積極跟社會宣導該國家考試的水準。在這個國家考試之下，一個三流學校的法律系畢業生可以繼續用原來的執照執業，也可以自願選擇參加國家考試以提高身價。

在上述「自顯性證照制度」之下，國考機關並沒有壟斷律師執照的發給，因為國考機關必須與設有法律系的大學競爭。這個競爭也會使國考機關為了維護國考的品質，會想盡辦法防止出題者出獨門暗器，否則就是跟自己過不去。另外，台大因面臨國考的競爭，會有誘因更用心控制畢業生的品質，其畢業生也比較不能因有壟斷力而怠惰。

我們要特別強調的是，如此設計的國家考試可以幫助弱勢團體；例如，某人可能資質與台大學生一樣好，但因家境較窮，讀書環境較差，因此只考上三流學校；此時國家考試便可以爲這種人提供一個晉身階。

當然，國家考試也可以把水準可設定在不同層次，或者有不同層次的國家考試供人民選擇。甚至可以設計一個與全國的法律系競爭的國考，供非法律系的大學畢業生選考。

由自願性證照理論批判教育改革

事實上，自願性證照的理論也是切入教育改革的利器。近來年教改在國中、小基礎教育所犯的一個嚴重錯誤乃是過度要求每個人都不能被學校放棄。這種「不能放棄論」的第一個重大錯誤乃是忽視成本：照顧到所有學生的需求固然好，但這是要花很大成本的。

這種「不能放棄論」的第二個重大錯誤乃是看問題不夠宏觀：從宏觀的角度，在人力資源的養成方面，事實上許多環節都可以有貢獻，這些環節包括學校、家教、補習班、回流教育、研究機構、企業提供的職前教育、在工作中的邊做邊學。因此，要求每個人都不要被學校放棄是不正確的；我們所能期盼的是整個人力資源的養成體系總是有一些環節可以照顧到一些特殊的人的需求。

上述各個環節事實上各有其比較利益，各自做自己的專長才是有效率的（經濟學的分工概念是很好的切入點）。學校的教育應該定位在教導具有一般性的原理原則。我們可以引用宋儒范淳夫的話來為學校教育定位：「學者必務知要，如要則能守約，守約則足以盡博矣！」，我們可以說，學校的任務乃在教導「要」。打個通俗的比方，學校之教育學生如同在深山中養成「原木」一樣：原木不像已經做好的家具，馬上就可以用；但原木並非沒有用，原木下山之後，馬上因應當時的需求做成各式各樣的家具並不困難。把原木加工，做出馬上可以用的器具則是工研院之類的研究機構、企業提供的職前教育、在工作中的邊做邊學等的專長。

學校教育定位在教導一般性的原理原則，其實可以用成本效益的原則來加以理解：教導原理原則通常遠比實做的成本低很多（想像如果台積電把一座晶圓廠免費贈送給一家大學，光是維護費用，誰養得起？），而且在學生未確定未來的確實工作前（現實社會中，學非所用比比皆是），學習一般性的原理原則其實有很高的預期效益（守約則足以盡博！）。

學校的專長在教導一般性的原理原則，由於一般性的原理原則較抽象化而且沒有直接用處，所以我們可以想像一定會有不少的中、小學生失去學習動機。此時如果爲了要使所有人在基礎教育的就學期間都樂於學習，而強調生活化、實做化、應用化等等，其成本將非常高昂（例如教師的負擔將會很重），而且背離學校之所以爲學校。我們應該做的是：提供管道讓那些在學校缺乏學習動機的人可以進入社會學習、工作。其次，這些年少失學的人在年紀「老大」時，很有可能發現所學不足而有強烈的學習動機；因此，我們也應該提供讓他們可以彌補的管道，例如，回流教育的顧客群應該定位在這些人。事實上自願性證照制度如果好好設計，恰好可以在這一方面做出重要的貢獻；因爲前面的理論與例子告訴我們自願性證照可以設計成文憑的代替品，幫助在升學階梯上的不順利者可以跟文憑的擁有者競爭。遭到輿論界敵視的補習班事實上也可以在這一方面做出重要的貢獻。這些年少失學的人由於有豐富的社會經驗，腦筋通常較爲靈活，加上有強烈的學習動機，應該有能力可以更短的時間彌補過去欠學的部分（甚至有些人可能有很高的天資，但是因爲家境貧窮或叛逆性強而失學，這些人更可以速成）；要求他們回到正規學校，慢慢爬正常的階梯，其實是沒有效率的。如果補習班可以好好設計教材、聘請適當教師，應該可以幫助這些人速成以取得國家考試的執照。

現在讓我們回到律師執照的問題。從上述的分析可知，目前的國家考試的設計，尤其是律師執照的發給制度，雖然行之已久，但事實上是說不通的。如果國內所有大學所發的文憑都不可靠，如果國內所有大學都不能被相信會正派經營，其誰能信？在現代社會，已經有夠多值得大家信賴的大學存在，國家考試壟斷律師執照的發給根本不可能是必要之惡（從管制經濟學的角度，有自然獨占性的公用事業由國家壟斷是說得通的，因爲它是一個必要之惡）。這種不合理的壟斷引發作者所指控的種種怪現象，是可以想像得到的。我們衷心期盼有關當局與輿論界可以共襄盛舉，一起來推翻這個不合理的體制，釋放被桎梏的活力，讓剛畢業的年輕學子可以毫無障礙的踏入社會大學去學習、磨練，慢慢累積其壯志，成爲國家新活力的泉源；而不是讓現行的壟斷力量把年輕人的壯志逐漸消磨殆盡，變成廢人。

本文作者張明宗教授，現為國立中央大學產業經濟研究所、經濟系教授

推薦序

激盪與回應——法律系學生的困境與教授的深思

陳惠馨

二〇〇二年七月中，我的助理李玉璽先生，告訴我智傑同學寫的《千萬別來念法律》這本書。書中談的是他個人在台灣大學法律系學習法律的經歷，以及，透過這個經驗所看到台灣法學教育的困境。在這本書中，讓我印象最深的是，它讓我知道，一個法律系的學生如何面對國家考試的困境（主要是面對司法官和律師考試的困境）。

在閱讀完這本書以後，過去一個月來，只要有機會，就跟我的學生或助理們討論這本書裡面所提到的一些現象。之所以關心這個議題，除了因爲我個人在政大法律系任教，法學教育本就是我專業所要關心的議題外，而且，它也牽涉我的學生們的權益。更重要的是，這一兩年來，我正在進行的兩個研究計畫，一個是教育部補助、政大支持的「法律人法意識之建構」（http://www.lawplan.nccu.edu.tw）的研究計畫，這個計畫總共包括：一個總計畫及十一個子計畫。計畫主要是在針對目前各大學法律系的法學基礎科目的內容進行調查與研究，希望了解在法學教育現場中，教學工作如何進行以及其對於學生的影響。這些法學的基礎科目，除了法理學、法制史、法學緒論、社會法外，大部分都是跟國家考試有關的科目。另一個計畫，則是考選部在二〇〇二年四月委託我做的「司法官、律師考試試題相關問題分析專案研究計畫」。這兩個計畫，所關心的議題跟智傑的《千萬別來念法律》的這本書所提到的東西，有很密切的相關聯性。

首先我要謝謝智傑，讓我能夠透過這本書，較全面的看到一個學生在進入法律系學習法學知識之時，他的經驗以及對這個經驗的感覺與評價。雖然，智傑在書中所提到的是——「台灣大學法律系的受教經驗」，這個經驗是否跟政治大學，或東吳大學、台北大學、東海大學，乃至於中正大學……等等的各個大學的法律系學生的受教經驗相同？還需要進一步加以了解。但，智傑在書中所提到的現象與觀察，讓我反省到，身為一個在政大法律系任教的教授，我應該多多了解學生的處境。

二〇〇二年九月中開始，法律人所在乎的律師考試即將舉行。我注意到法律系要參加考試的學生們，爲了準備考試，幾乎每日在學校的圖書館地下室中讀書。他們之中許多人，一天至少要在那密閉的空間裡待上至少十二小時；有人一天的讀書時間甚至還可能超過十五小時。但是不管他們如何的努力，面對平均只有百分之六左右律師考試的錄取率（民國三十九年至八十九年的平均錄取率），他們毫無把握自己是否能夠通過考試。而令人不解的是有些學生連續考了幾年的司法官或律師考試，一旦考上，他們會說，爲什麼今年能考上，他們也不知道原因爲何？（當然有人會說自己已經融會貫通了解法律了所以能考上）？

另外，司法官的考試和律師考試的時間距離很近。例如，律師考試在九月，司法官考試可能在十月，而大部分法律系的學生幾乎都是兩個考試都參加。但是，不少人在同一個科目所取得的分數，卻是相差甚大，也就是感覺上好像努力和結果之間似乎沒有絕對必然的關聯性。而許多沒考上的同學很納悶的是考試後，考試院從未公布參考答案，也因此不管是考上或沒考上的考生，對於自己在哪個題目上答錯了或答對了，其實是毫無把握的。雖然有些補習班會嘗試作參考答案的解答，但那些解答有時被可能的出題老師說答案是錯的（至於究竟考試中的某一題是哪一位老師所出題，沒有人知悉，考選部也將它列爲秘密，學生唯一的消息來源就是靠補習班的資訊）。近年來法律系學生前往補習班補習的風潮更爲盛行，聽說南部有些學校的法律系，在暑假期間幾乎全班都到台北補習。智傑的書讓我思考，學校的法學教育究竟出了什麼問題或者整個法律人才的認證制度究竟出了什麼問題，才會造成這樣的現象，另外我也開始想，如果每年只有約百分之九的考生可以取得司法官或律師資格（二〇〇一年司法官只有百分之三．二七的及格率，律師約百分之六及格率），那其他九成多沒有考上的法律系學生到哪裡去了？

我僅知道有些法律系的學生，在畢業後的四五年裡，連續在學校圖書館地下室讀書，準備考試。他們不敢去就業，深怕因就業而不能專心準備考試；就算去就業了，總是會常常面臨來自親友或陌生人的詢問：「你爲什麼不去考司法官和律師考試？」好像，法律人唯一的出路，就是考國家考試。有些人，考了幾年以後就放棄了；有些人，則一開始就放棄國家考試，嘗試讓自己轉入另一個行業另謀出路，但是，我幾乎再也聽不到他們的訊息了。

教書十二年來，過去教過的學生，還聽得到他們訊息的，好像只有那些考上研究所、司法官、律師或出國留學的法律系學生。而我的印象中（這個印象或許是錯誤的），有些唸完了研究所的法律系學生，縱使寫了一本很出色的碩士論文，但他們所獲得的外界的承認，有時候似乎沒有比考上司法官、律師考試更高？

而過去，我雖然看見這些現象的存在，但卻深深覺得要改變這些現象，不是個別個人所能做到的。我們需要更多關心法學教育的人一起努力，來思考如何改變現有的法學教育與考試制度。在過去一兩年來，我之所以向教育部申請補助，嘗試與其他教授合作進行「法律人法意識之建構」的研究計畫就是希望可以在法學教育的改變上作些努力，希望透過實證研究，了解台灣法學教育的現況，從教學者、受教者及整個社會與法律關係的角度來思考法學教育應何去何從。

智傑的書，提供我們很重要的一些訊息。希望，這本書的出版，可以讓更多的人願意將他學習法律的經驗說出來，也可以讓更多在法學教育現場的工作者，反省並思考法學教育的目標。相信，只要更多人一起努力，智傑在這本書裡所提到的一些現象，都可以逐漸消失。

本文作者陳惠馨教授，現為國立政治大學法律系教授，並主持教育部與考選部的多項研究計畫。聯絡信箱：nccuteach@yahoo.com.tw

自序

現在台灣一年有將近五千個法律系畢業生，而在二〇一〇年以前，台灣的律師考試錄取率約百分之六至百分之八，每年只有不到三百人可以考上律師。五千個學生為了擠這三百個名額，大二、大三就到補習班補習，放著學校的課不上。很多人畢業後三、四年，都不肯出去工作，每天徘徊在補習班和圖書館之間。

《千萬別來念法律》這本書，主要是介紹台灣法學教育的荒腔走板，以及批判律師考試對其所造成的嚴重扭曲。書可大概分成兩大部分，前一部分主要是敘述律師考試對法律教育各方面的影響，其中包括共筆文化、補習熱潮、學習態度等等，並描述分析律師考試考甲說乙說與獨門暗器等各種不合理的設計。後半部分則是針對法律服務市場、法律學術等議題，加以分析與批判。

這本書洋溢著我滿腔的正義感和對法律人悲哀的擔憂。寫書的初衷，是想要透過這本書讓外人多了解一點法律系、多反省一下律師考試制度的合理性。

經中時晚報記者楊欣怡幫我做了專題報導後，這本書被炒熱了起來。大多法律人都聽過這本書，但是看過的人卻不多。因而，很多誤解、批評、猜疑、打壓，都接踵而來。

當初會想寫這本書，是因爲畢業那年去參加律師考試，考到第二天民事訴訟法一科時，看到一題「獨門暗器」，看完題目我根本不知道它在問什麼，當下才眞正親身體驗到國家考試是如何不公不義。因而決定把筆放下，交卷走出考場。回家後，忿忿不平的心情，慢慢燃燒擴大，最後燒出這本書的構想。後來有人告訴我出那題的老師居然曾經洩題，這更堅定了我出書的意志。一年後，歷經一波三折的出版過程，終於出了這本書。

出書後，很多人讚賞我寫這本書的勇氣，但更多人對我這樣的叛逆小子，只有不屑與瞧不起。瞧不起我的人，沒看這本書，卻會講出很多酸溜溜的話。甚至，還有許多實質上的打壓，都接踵而來。

但是，本書也引起一些正面回應。例如，據說本書出版之後，再也沒有出現過任何嚴重、明顯的獨門暗器考題。倘若這眞是受本書的影響，也是功德一樁。另外，考試院某高官曾私下告訴我，我書上講的「那個老師」，考試院已經認為他行為的確不當，而不再讓其出題。知道以上兩個正面效應，難道還有人要說「你考上律師來寫這本書才有用」這種話嗎？

另外，在我個人生涯發展上，也得到不少人的正面支持鼓勵。中研院簡資修老師在我出書不久後就叫我去讀龔肇勝的自傳。龔肇勝曾經也是個叛逆學生，但是雖因叛逆得罪不少人，前途看似受阻，可也由於他的異類，受到不少師長的賞識、提拔、關照，最後其實也能夠走出一條路。簡老師這番安慰，我一直銘記於心。也確實，在我生命中出現不少師長一直給予我幫助。

很多師長在我出書之後都主動和我認識，給予我精神上或實質上的鼓勵與支持，讓我非常感激。例如，我們中央大學產經所前所長張明宗教授，就慨然地答應替我寫序。政大的陳惠馨老師和廖元豪學長，也是在我出書後主動與我聯繫認識，而願意大方將其對我這本書的一些想法，放到這本書上與大家分享。而我能一路念到博士班，更是經過太多老師、朋友的默默幫助，包括蘇永欽老師、林子儀老師等，在此無法一一感謝。甚至，我在博士班階段能到學校兼課、繼續在出版社翻譯、寫作，或多或少都跟我出書的經歷有關。

在此要特別感謝一位老師，就是已去逝的政大法治斌老師。透過幾位學長轉述，我得知法治斌老師在本書出版之後，買了五本，隨身帶到中國大陸交流時送給大陸學者。隔年，大陸北京大學開學典禮上，北大法學院院長特別提到了來自台灣的這本小書。我未曾在法老師門下求學，但老師卻這般提攜後輩，讓我非常感激。可惜後來沒有機會向他道謝。而後來法老師門下的幾位學長，也都給我很多溫情關懷。

學長轉述，法治斌老師生前曾經提議，律師考試不該由學者出題，而該像美國一樣，由實際執業律師出題。有一陣子，考試院似乎想將律師考試專由律師公會承辦，改由律師出題，這跟法老師身前的理念契合。我雖然懷疑這樣是否能確實達到改革的目標，不過透過這個方式讓法學教育回歸正軌，斷了出題老師借出題之便鞏固學術地盤的邪念，仍不失為一個良方。但最後這個想法卻不了了之。

二〇〇六年，有人提出另一種改革方式，打算將來所有的大學法律系改成「法務系」，其畢業生不能夠報考律師，只能考書記官、司法四等、五等。而將來只有某些傳統大校，可以成立專業法律學院，讓專業法律學院的畢業生，才能報考律師。這個方案實在太過石破驚天，嚇壞了不少法律人，使得當時法律界對法學教育的討論，又重掀一股熱潮。也基於此，我決定在本書後面，補寫一個第十章「律師考試與法學教育改革」。

本書出版多年後，政治大學董保城教授，被延攬擔任考選部次長，開始著手推動律師與司法官考試。在其主導的律師考試改革下，現在，律師考試錄取率提高到全額報考人數的百分之十一，每年考上人數大幅提高到一年將近一千人。看起來，法律系學生的命運，已經比起二〇一〇年以前好多了。本書所探討的一些問題雖然因制度改革而緩和，但仍然存在。因此，我仍樂觀地認爲，本書還是能繼續發揮作用，引領人思索相關問題。至少，我希望透過這本書，能讓讀者盡早進行人生規劃。

事實上，許多來問我人生規劃的人，我都老實告訴他們：如果你最終目標是想要當律師，那我還是勸你乖乖去補習班補習。我一點也不厭惡法科補習班，我反而覺得法科補習班才是眞正的教育良心事業，法律系那些不知反省的教授則不是。我不會勸人不要來念法律系，但是我會告訴他們，如果你們眞的要來念，那就要有好的規劃，可以從大三就去補習班報到，這樣應屆畢業考上的機率才會比較高。諸如此類，對新生、舊生，我都希望他們能看清整個結構，然後調整自己的人生規劃。

我在攻讀博士班期間，得到五南圖書出版公司編輯的賞識，出版了一些法律書籍，藉由版稅以支援我的學費及生活費，因此對五南圖書出版公司一直心存感激。此書最初於二〇〇二年出版，如今已過十年，市面上幾乎絕版。事隔十年，五南圖書的編輯問我是否願意重新出版，雖然因本書出版已經得罪太多人，且也造成生涯上的各種困頓阻力，但我現已身爲學者，更應該有道德勇氣提出一些值得大家反省的問題。因此，考慮再三，決定同意由五南出版。並且在出版同時，新增第六章「我是冒牌律師」及第十一章「走上不歸路——該如何學習法律？」，一方面增加閱讀趣味，另一方面也在批判之餘，提供法律學習者一些學習建議。希望新寫的兩章，能讓這本書的調性溫暖些。

目次

推薦序　反壟斷的新紀元　3
推薦序　激盪與回應　21
自序　27
第一章　逐字共筆——法律系上課情況　35
第二章　台大補習班——整體課程規劃　57
第三章　補習熱——高等補習教育的興盛　85
第四章　甲說乙說——國家考試桎梏　121
第五章　律師太多？費用過高？——法律服務供需失衡　151
第六章　我是冒牌律師　183
第七章　翻譯型——傳統法學研究方法　209
第八章　王牌大騙子——法學新領域與新方法　245

第九章　科學遺毒——法律人的價值觀　269
第十章　律師考試與法學教育改革　289
第十一章　走上不歸路——該如何學習法律？　315

Chapter 1

逐字共筆——法律系上課情況

一位台大財金系畢業的同學如此回憶：「只要在上課時間，遠遠看到前面那間教室外的走廊上擠滿了學生，就知道又發生教室座位不夠用的情形，這一定是法律系的課。」

另一位台大經濟系畢業的同學如此回憶：「只要遠遠看到一個教授穿著西裝，偌大的教室學生們都擠到後面，然後再慢慢向教室前面擴散稀釋，每一個都埋頭苦幹抄著筆記，有時候還看到桌上放著錄音機，這一定就是法律系的課。」

學習環境

台大法律學院位於徐州路二十一號，台大醫院的旁邊，與位於公館的台大校總區完全分離，只有每小時一班的接駁公車作爲兩校地的連結。這裡有三個系，法律系、政治系、經濟系，以前都歸屬於法學院，現在法律系獨立出來設置法律學院，而政治系、經濟系與總區的社會系則設置社會科學院，不過只是組織上改制，原本的三個系還是留在徐州路的舊法學院內上課。習慣上，大家還是稱徐州路二十一號的校地爲法學院。

整個法學院占地不大，面積比隔條馬路對面的台北商專、成功高中都還要小，院內的建築大部分是日據時代留下來的建築物。法學院除了兩排主要教學教室外，還有幾棟各有研究或行政用途的大樓，與法學院圖書館（簡稱法圖）。這些建築物圍繞著一個小小的水池，稱爲弄春池，池中的人造鯉魚口四季不停地噴著水。法學院的隔壁，就是學生宿舍及運動場，對住宿的學生上課而言，非常方便。

法圖一樓是期刊室與藏書室，二樓則是閱覽室，供學生念書之用。在法學院的三個系中，法圖二樓閱覽室的使用率，就屬法律系最高。這或許是因爲文組第一志願的法律系學生，確實比較用功，不過在看到寒暑假中，法律系學生還是勤上法圖念書，這就有點啓人疑竇，眞的只是因爲用功所以勤上法圖嗎？答案顯而易見，不是因爲愛用功，而是因爲國家考試制度逼得法律系學生不得不在寒暑假中，仍然要勤奮地上法圖念書。甚至，平常法圖都是晚上十點半才關門，可是寒暑假卻在五點就打烊，讓法律系爲了找地方繼續念書而傷透腦筋。爲此，還有同學在BBS上抱怨，認爲法圖不該這麼早關門。尤其暑假時台北盆地如此悶熱，宿舍又不准裝冷氣，電風扇吹出來的風都是「熱浪」，法律系的同學根本無法待在宿舍念書。如果跑去醫學院的學生閱覽室跟醫學院的學生搶位子，又會惹來醫學院學生的抗議。不過，法圖基於人力缺乏的理由，仍然無法在寒暑假延長開放時間。無奈，法圖依舊五點準時打烊，法律系的考生們只能繼續流浪在台北街頭，尋找一個舒適可準備考試的地方。中央圖書館是一個不錯的地點，它離法學院很近，一樓有個蠻大的開放式閱覽室，在暑假中若去那邊念書，你會看到一張桌子六個位子上，有四個以上是放著法律教科書或是小六法，就知道法律系學生的勤奮了。

法學院與總區隔離，在人際關係上和與其他學科領域的接軌上，產生了點問題。由於社會科學注重對社會的了解，法學院與台大校總區的隔離環境，使得法學院的學生與他系學生間的互動較少，也較少參與社團活動。這樣封閉的環境下，可能會使得法律系學生以爲法條就是一切，而忽略了社會現實。更重要的是，法律系在自我封閉的社群環境下，形成了一套自己的價值體系，以爲念好書考上國家考試就是人生的唯一目標，而從這裡畢業的學生到了社會上工作後，可能也將這樣的價值觀深植於法律事業中。這點，於本書第九章會再詳加說明。對於這個問題，校方在校友的壓力下，已經開始改革，將來整個法學院（包括社會科學院與法律學院）會遷址到校總區去，讓這些科系的學生能夠在台大校總區的准社會系統中接觸社會現實。不過，從我大一入學，就知道這個政策目標，但到我大學畢業，這個目標仍未實現。

綜之，台大法學院是個鬧中取靜的念書環境，但相對來講卻過於封閉，學生能夠在這邊專心的念書，但其人生價值觀卻某程度地被扭曲而不自知。以下，將開始介紹法律系的上課文化，讀者可漸漸從中讀出法學教育的問題所在。

共同筆記制度

要介紹法律系的上課過程與內容，首先一定要介紹共同筆記制度，讀者才能深入了解因之而發展出來的共筆文化與教學生態。

在台大，共同筆記制度只在醫學系與法律系盛行，而法律系的共同筆記制度，發展得更爲扭曲。所謂「共同筆記」（簡稱共筆），就是每個同學負責一節課的筆記，內容必須記載得非常詳細，然後統一印給大家，這樣同學們就不必擔心自己筆記記得不清楚，或是根本可以不必記筆記，避免因記筆記緩慢而與老師講述的進度脫鉤。共同筆記原始的概念，其實是出於分工合作的基本精神，跟考試前同學自發性的約好互相複習、討論是一樣的。究竟共筆制度從何時開始，不得而知，據說是九○年代因某老師的要求才開始盛行，而如今，共同筆記已經發展成一套複雜的而規格化的制度，成爲法律系同學學習上不可或缺的一部分。首先，由統籌的同學（通常是班上會選出一位同學當「文書」）將上課的同學依上課時數平均分配，然後，文書會負責上課錄音，將當次上課的錄音帶交給負責做當次共同筆記的同學，這位同學拿到錄音帶後，要將錄音帶的內容逐字逐句地紀錄下來，然後用Word打成電子檔，在三或四天內交給文書，文書接到後馬上送影印店，根據同學的購買量來影印，最後準時在下個星期上課時，發給同學。有時，因爲共筆沒有如期「出刊」，還會遭到同學的抱怨，文書甚至要在BBS上解釋不能如期的理由，以示負責。

共筆的內容，包括老師上課說的笑話、對政治議題的時論、一個嘖噓、慣用的口頭禪、句尾的每個「啊」，都要詳細的記載。有些同學表示，共筆中最喜歡看的部分，就是老師的笑話，並因而傳唱不已。如果做共筆的同學偷懶，省略笑話不打，也會引來同學的抱怨。不過，曾經在古板的風氣下，同學非常勢利，老師講笑話或閒話時就把錄音機關掉，因爲錄音機都是放在講台上，老師一開始講閒話同學就上前關機，破壞老師高談闊論的興致，後來演變出老師禁止同學將錄音機放在講台上的規矩，要放，只能放在離黑板最近的桌子上。至於老師對政治議題所發的時論，如果過於敏感時，老師往往會要求同學關掉錄音機，以免留下紀錄，成爲情治單位檔案中的一部分。例如某位憲法教授，在剛回台大任教時，正值台灣民主轉型八〇年代末、九〇年代初期的尷尬年代，每每用其所學批判台灣憲政實況時，都會要求同學關掉錄音機，以免因而產生不必要的困擾。甚至到了二〇〇〇年總統大選前，已是一方山頭的知名教授，在課堂中替某黨說好話時，也要求同學關掉錄音機，這可能是出於長年以來的習慣，或是避免留下自己上課打混的紀錄。

對做共筆的同學而言，常常一句話要倒帶反覆聽很多次，才能清楚掌握教授每句話的意思。有時同學們在課堂上的發問，因爲錄音機是放在教授講台或是附近的桌上，可能錄不清楚，這時就要借助當時有去上課並自己記筆記的同學，才得以將同學所問問題的大意寫出。因而，作一份完整的共筆，要花去非常多的時間，根據同學們的平均值來看，做一節課（五十分鐘）的共筆，五個小時絕對跑不掉。有些住宿的同學平常每個星期都回家的，偶爾在週末見到他，問他爲何不回家，他的答案竟然是：「因爲要做這星期的共筆。」然而，其實一個學期只要投資五、六個小時的時間做共筆，其他的時間因爲有共筆可以看而可以不用去上課，對同學而言，未必不好。

因爲有清楚紀錄上課內容的共筆可以看，引發了同學們不去上課的動機。有時社團或是家裡突然有事，正猶疑不決到底要不要捨上課而去做自己想做的事、在內心中因不去上課所引發的罪惡感而掙扎時，往往因爲「反正有共筆可以看」這個理由，最後惡魔終究戰勝天使，決定不去上課了。長久以往，有時只是爲了想去看場電影，或單純地缺乏上課的情緒，就大方地翹掉了有共筆的課，心想反正下星期共筆做出來再去拿來念就好了，漸漸地，翹課已經成爲法律系學生的常態。例如我有位新竹的同學，整學期都看不到他，以爲他已經決定放棄學業，認眞去發展他的演藝事業去了，但是就像是公式一樣，他到了考前兩三個星期又會突然出現，然後開始搜括所有考試科目的共筆，拼命地念個幾個星期，然後一如這個公式的結果，他大部分的科目（有共筆的居多）總是能在及格邊緣飛過，然後考完試再度消失，直到下學期的期末考前。

共筆的銷售對象，並不限於有選修那門課的同學，還包括沒修課的同學。沒修課的同學有兩類，其中較多的一類，他們本身選修的是另一個老師的課，爲了也吸收到這個老師上課的內容，所以買這個老師上課的共筆。爲何明明選修了A老師的課，還要購買B老師的共筆呢？主要的原因在於，兩個老師的學說不太一樣（社會科學的特色就是有很多學說並陳，而未必有對錯），而且兩者都可能在國考出題，爲了蒐集完整的考試資訊，以免因爲唯獨這個老師的學說而忽略了另一個老師的學說而不幸落榜，所以雖然選修了A老師，但是仍要買B老師的共筆。不過，少部分的同學，是上非主流老師的課（通常就是國考不出題的老師），但是又怕不懂主流學者的學說，所以也會去買主流老師上課的共筆。另一類的同學，可能是已經畢業的學長姐或是他校法律系的同學，因爲想得知出題老師的學說，所以要購買這個老師的上課共筆。當然，也有可能他們之前就已經學習了這個老師的學說，但是想知道這個老師今年的最新見解，或是最新研究趨勢，認爲出題老師上課時談及的內容可能就是當年的考試題目。

其實要了解一個老師的學說，去看這個老師寫的教科書或是在期刊上發表的論文，應該足以了解這個老師的學說精華才對，爲何要買共筆呢？因爲對學生而言，國考科目有十科左右，每一科都有四五位潛在的出題老師，如果爲了準備考試而要買齊這些老師的著作或是花時間全看完，是沒效率的。最有效率的方法，就是買出題老師的上課共筆，因爲老師在有限的上課時間內，自然會把自己的學說精華加以整理而用口語表達出來，並且被紀錄在共筆上。不過，也有可能是老師對一個新興的法律議題，雖然有自己的見解，但還沒有形諸書面，老師可能會在上課時會談及，所以考生要買共筆。簡單的說，對考生而言，買共筆就是買保險，而且是全險，因爲共筆會呈現出老師的學說精華與隱約透露出最新的出題方向。甚至，有傳聞某些出題老師曾在上課時洩題（當然是很曖昧地洩），那麼這個老師的共筆對考生而言更是重要。

老師們也都知道共筆的存在，大都予以默認。有些老師，會要求學生送一份共筆給他，經他加以檢視，以確保共筆的內容無誤。因爲曾經發生過共筆內容寫錯，而同學在期末考跟著寫錯答案的尷尬局面，使老師不得不採取這樣的品管機制，顯示出同學們對共筆的依賴。有的老師甚至拿了這些共筆後，加以整理，以教科書形式出版，遭致非議。

共筆的買賣採雙重定價。通常有參與製作共筆的同學，一學期的價格在一百元到二百元之間，而未參與製作的同學（通常是學長姐或是他校同學），價格就再加一百元或是原價的兩倍，以實現使用者付費的概念，保障參與製作者的權益。不過，有些學校的法律系學生，即使是他人願意付費，也不肯同學們自己的心血被他人利用。表面上聽起來義正辭嚴，其實主要的理由，是因爲他校的法律系同學都是將來國家考試的競爭對手，他們當然不願意將寶貴的考試資訊外洩給敵人。例如政治大學的法律系，就很明顯地採取這種策略。許多想考政大法研所的同學，爲了熟悉政大老師的學說，向政大的朋友借閱共筆或是私人筆記時，都處處碰壁，不得其門而入。打聽之下，才知道政大的這項「資訊保密」條款，而且其被嚴格地執行著，同學們甚至會彼此監督是否有違規的情形。

綜之，共同筆記制度形成了法律系教學上的一個特殊現象，稱之「共筆文化」。而之所以會有共筆文化的誕生，除了當初分工合作的原始出發點外，國家考試這個因素影響很大。照理講，律師司法官考試是個資格考，考的東西應該是法律的基本重要概念，而這些概念應該每一本教科書都有寫才對，爲何一定要蒐集出題老師的上課共筆呢？主要的原因，是因爲國家考試的出題取向學術化，學生不得不去掌握出題老師的學說，所以形成了法律系特有的共筆文化。（這在第四章會詳細說明。）

上課內容

每年在大學博覽會上，總有許多對法律系有興趣的學弟妹，會來問關於法律系的相關問題。其中，他們總會問：「念法律系是不是要背很多法條啊？」他們覺得法律系要念很多很多書，背很多很多東西，是個很辛苦的系，因而降低他們選讀法律系的志願。我會告訴他們：「法律系很好念，絕對比大學中你知道的所有其他的科系都來得好念。」這似乎與一般人的觀念出入甚大，爲何我會這麼說呢？

「如果你要考律師考師或是司法官考試的話，那麼你要背很多法條，幾乎要把整本的小六法背起來。但是如果你問的只是在大學階段，法律系好不好念，它眞的是最好念的科系。」我如此接著說明。

怎麼說呢？因爲在眞實的大學法律課堂中，老師所教導的內容，是法條背後的道理，而實際上在考試時，多數的老師會允許學生看小六法，所以要記的只是法條背後的道理，至於法條，就不必記了，反正每一本六法全書上都找得到。而且通常老師在一個學期中都教不完所有的法條，所以只能挑重要的法條教，解釋那些重要法條背後的道理。記誦這些道理，其實是很簡單的，只要具有一般的理解能力，在考試前把共筆拿出來念個一到兩次，通常考試都可以及格。這就是爲什麼上面說到的那位新竹來的同學，總是在期末考前兩三周才回學校，拿著共筆念個幾次，就可以安全PASS的原因了。

而且，法律系的課大都沒有期中考，原因在於法律制度環環相扣，必須了解整部法律的全盤結構，才能解答實例問題。教半個學期能考的東西實在有限，加上老師通常課都上不完，所以法律系是沒有期中考的。大部分法律系的課也不用寫任何報告、作業，尤其是主要科目的課程，比起商學院、理工學院的學生要算一堆數學，記一堆公式，每個星期都有報告要交，相較來看，法律系還不好念嗎？而且最重要的，對照商學院和理工學院的學生，有花時間念書未必能懂，因爲他們要念的內容需要高度的理解、計算，但是對法律系而言，念共筆就只是在看一個制度背後運作的道理，只要具備念小說的理解能力即可應付，有花時間去念，絕對就有對等的回報。

當然，法律系還是有文字拗口、半文半白的有字天書——教科書可以念，但是基本上因爲有共筆，教科書只是裝飾用。老師考試的題目，大多限於課堂上有講授的部分，其實只要念共筆，就足以應付考試，根本不必念教科書。我的幾個同學，只有在大一時笨笨地被學長姐騙去買了幾本權威教科書，後來發現根本用不著也不用念後，那些書就成爲書櫃的裝飾品，唯一的用途就是朋友來參觀時向他們宣示他是法律系的。後來，他們就再也沒買過教科書，書架上堆著的都是一疊疊白色的資料，其中大部分都是共筆，而且這些同學的成績還名列前矛。

除此之外，法律系的老師也沒有特別愛當人的癖好，不像有些系的老師會設定當學生的比例，以作爲品管措施。甚至，老師們也沒有點名的習慣，頂多偶而拿著選課名單指名問問題罷了。

以上，就是為何我說法律系好念的原因了。基本上，它好念，也好畢業。但是如果考慮到將來的出路，一定得考上個執照的話，那麼的確就要背誦很多東西，念起來很辛苦，這點，在本書第四章會深入說明。

就老師上課的方式來說，大多是採用教師獨自演講式的方式。尤其是大班的課老師，多半都是自己一個人在台上自說自唱整節課，同學們事先不需要預習，只要帶著一雙耳朵去，到台下坐著聽講就好。老師偶爾也會問同學幾個問題，但是基本上還是以演講式為主。以內容來說，主要當然是介紹一個法條背後的道理，或是整部法典的架構。但也有些老師，除了在介紹完上述內容後，還會介紹學說的爭議，而幾乎所有的法律科目，都充斥著學說爭議。典型學說爭議，包括A教授的甲說，B教授的乙說，實務見解上的丙說及丁說，甚至外國立法例的戊說、己說，一堆說不完吵不盡的學說爭議。為何法律學科會有這麼多的學說爭議與不確定性呢？這是因為社會科學很難有所謂對錯，尤其是在制度設計上，甲制度好、乙制度也有其優點，當然也都有各有其缺點，所以會有這種現象。

有些老師較注重理解，而不注重學說爭議，故講述上很著重法理的推演，而不願浪費時間在介紹學說上；反之，有的老師卻較爲考試取向，爲了同學好，劈哩啪啦說了一堆甲說乙說，同學卻未必能夠消化，只能硬生生的死背活呑。如何清晰的介紹這麼多的學說爭議，是個表達上的挑戰。爲了討論起見，這些學說都有自己的名字，大部分的老師，只是簡單介紹某個學說的名字及其大意，而沒有時間深入介紹。如果老師在某個爭議上，已有自己的定見，他可能會介紹得較爲詳盡，然後批評別說的缺點與這說的優點。

綜之，法律系本身其實不難念，頂多要在期末考錢花點時間看看共筆、背點學說爭議，但是如果考慮到將來的國家考試的話，就的確要死背很多法條和學說爭議，而這些爭議，學生未必能夠理解，但是爲了考試，也不得不記。法律學科上學說爭議過多，老師不得不在課堂上略爲說明，但是所謂的學說爭議，卻未必有意義。法律學科這種在論述上的一個奇特現象，其來有自，影響著後來的學者探討問題或寫作上的風格，而這也嚴重地影響了考試出題的方向與答題方法。這會在第四章詳細說明。

出席狀況

雖然法律、政治、經濟三個系都位於同一個小校園內，且教室都是混合著用，照理講如果沒有佇立在教室門口一分鐘，看看黑板上寫的東西與聽聽老師嘴巴裡講出來的東西，應該不知道這是哪個系的課才對。可是我們學生卻很清楚，不需要佇立在教室門口，遠遠地，我們就能分辨前門那間教室裡現在上的，是不是法律系的課，因爲法律系的上課情形實在太過詭異。

本章開頭財經系與經濟系兩位同學的回憶，有點以偏概全，因爲並非所有法律系的上課情形，都是如此。大部分國家考試不考的科目，上課情形就與其他科系的上課情形差不多，甚至有點略顯冷清。不過如果看到跟他們描述一模一樣的情形，不用懷疑，那一定是法律系的課，而且上的絕對是國家考試要考的科目。

法學院的教室，大的約可容納一百個座位，這樣的大教室有五間，如果需要更大的教室，就要到法學院大禮堂上課。法學院大禮堂可從容納兩百個以上的學生，不過座位安排擁擠，光線昏暗，台下學生看不清楚台上的小黑板上的字，教學效果不好。很多超人氣指數的老師的課，都會選在大禮堂上課，普通熱門的課，就會在大教室上課。通常國考科目的課，加上上課老師又是潛在的國考出題者的話，選課的學生都會很多，甚至常常多過教室所能容納的人數。當然，這之中往往夾藏著他校法律系的考生，爲了準確掌握出題方向，前來一睹名師風采。熱門的課因爲教室的座位不夠，同學爲了搶占好的位子，甚至只是爲了有張椅子坐，往往會在上課前就先來教室爲自己或爲同學占位。占位的工具很多，筆記或書本是最常見的。由於占位的現象愈形嚴重，占位的時點也從上課前的半小時，提早到上課前的兩小時甚至三小時，有時班上同學就會自訂公約，禁止占位，甚至規定任何人都可以無視於占位用的筆記或書本而坐那個位子，至於筆記或書本，不見了也不用賠償。在民國八十六年時，發生了轟動一時的「法十六事件」，就是因爲旁聽人數太多，與原本修課同學發生爭搶座位的情形。

選課的人數太多，導致學期初的幾個星期，教室的座位不夠用，除了教室桌子間的走道已被椅子塞滿外，學生幾乎是「滿」了出來，教室的前後門、窗口，都擠滿了或站或坐的學生。這些桌椅，都是從隔壁的教室搬來，然後上完課再搬回去，或是根本不搬回去，留著下次使用。這就是爲何法學院的教室桌椅總是排列得很不整齊的原因，而更常見的是，小教室裡可能還有桌子，椅子卻只剩幾張，可想而知，椅子全都在隔壁那間法律系上課要用的教室裡。

這些不畏座位擁擠或不在乎沒有座位的不便，前來上課的同學們，打算在新的學期決心好好念書的期許，在他們的心中燃燒著。然而，這樣的學習熱忱，很快地就會被台上那位講述方式毫無魅力、甚至是有點自言自語的老先生所澆熄。當學生們發現，來上課未必有座位坐、上課的老師又那麼無聊、反正有共筆可以拿、不要來上課也無所謂時，他們往往就眞的決定不來上課，而且人數還很多，最後原本學期初快被擠爆的教室，上課時學生卻愈來愈稀落，學生也漸漸地往教室後面移動，因爲在教室後面做自己的事、看自己的書、或者突然要翹頭，都比較方便。當然，怕被教授問問題時問到，也是一個考慮因素。漸漸步入學期中後，不難發現法律系的課都發生學生擠在教室後半部的現象，而教室前半部最後只剩下幾個零星的忠實觀眾，作爲教授偶然發問時的答腔部隊。到了下學期，這樣低迷的上課情況仍然會持續著。不過，終究有迴光返照的一天，通常到了期末考前的一兩周，學生又開始多了起來，發生「返教室潮」的熱況。他們通常是來跟同學借筆記，或來拿一整學期份量的共同筆記，或拿前兩者去影印，或是詢問同學考試重點，甚至是聽說老師會宣布考試重點，所以才回來上課的。

當然，並非所有老師的個人風格或講述方式都是令人昏昏欲睡的。有些老師的講授清晰並注重與學生的互動，就非常受到學生歡迎，那麼前述教室快被擠爆的現象，會一直持續不減，直到學期結束。在這種課堂，學生們不是搶著坐後面的位子，而是搶著坐離講台最近的位子，一償欣賞老師風采的夙願。不過，因爲這樣的教室實在太擁擠了，搬張椅子坐在走廊上、隔著窗口所聽到的聲音，也實在太小了，容易讓人湧起翹課的念頭。畢竟，有共筆。

另一個影響出席狀況的因素，可能是研究所考試或是律師考試的「考試時間」。研究所考試跟律師考試有一樣的問題，就是學校老師總有自己的出題取向。大四的同學們和已經畢業的國考考生，往往在考試前，對國考或研究所考試出題老師的課，都會積極地出席旁聽，可是一到考完試後，旁聽人潮會明顯的減少。例如台大許多課名爲「××法實例演習」的課（詳見下一章對法律系的開課傾向的說明），都是考生們最愛旁聽的課程，這些課明明選修名單上的選修人數不超過三十人，但一間可容納七十人的教室居然還是坐不下。教授可能會對這些沒選修的同學道德勸說，說這種實例演習的課如果不選修、不跟有選修的同學一起交作業或是報告的話，只是旁聽是沒有幫助的。不過通常這種道德勸說都沒有用，因爲教授沒說旁聽對國家考試或研究所考試沒有幫助，所以沒選修的同學還是會繼續出席旁聽，侵害選修同學的上課權益。但是一等到考試考完，旁聽的同學就動作齊一地全部消失，人數會驟然降低，教室因而多出許多空間。

綜之，法律系上課的出席狀況，與國家考試脫離不了關係。國考科目的課程，往往都是熱門的課，尤其當台上那位西裝筆挺的老師正是出題者時，教室使用的情形更是擁擠。而其他非國考科目的課程，選修的人數就非常少，有些選修課程傳授的其實是在法律實務中很重要的知識，卻因爲國家考試不考，所以沒人選修。這點在下一章會繼續深入介紹。

Chapter 2

台大補習班——整體課程規劃

考試的功利主義的殺傷力是兩面的！無論學術研究和實務處理，或者，法律原則和法律技巧，都萎縮在「考試掛帥」的大學法律課程。

李清潭

民國八十七年，台大法律系發生了著名的英美契約法大字報事件。英美契約法是台大法律系法學組二年級的必修科目，當時教學的老師羅昌發教授，選擇以英語爲上課講授語言，這對同學而言，在聽講上有很大的障礙。除此之外，羅昌發老師也印發了一些英文教材，供學生閱讀。然而，法律系學生自上大學以來，就再也沒念過英文了，因爲所學的都是台灣當地的法律，不需要念到英文原文書。雖然法學組的同學在大一有修過英美法導論，照理講英文應該不至於太破才對，不過由於英美法導論有考古題存在，導致同學們平常翹課的情形非常嚴重，只有到考前才拿流傳數年的考古題解答出來認眞的背誦一番，通常也都能安全過關，因而，大部分的同學在大一時並沒有認眞的念英文。所以，突然面對英美契約法大量的英文讀物，同學們在閱讀上備感吃力。

有位同學，因爲英文閱讀能力差，英美契約法一當再當，到了大四還在重修這門課，但是他深深覺得這樣的課程設計不對，他認爲他之所以選擇念法律系，就是覺得自己的英文不好，所以才選讀法律，而現在將英美契約法這門科目排成法學組的必修，又要求用英文上課，讓身爲法學組學生的他，痛不欲生。他知道自己上課聽不懂老師的英文，所以回家總是很用功的念老師發的英文教材，試圖跟上老師的進度，但是因爲閱讀的障礙也很大，讓他有很大的挫折感。最後這股怨氣爆發開來，他寫了篇大字報，貼在法學院的言論廣場的看板上，明確地表達了上述他的經歷與感受，並堅決主張英美契約法不應該用英文上課，也不該指定閱讀英文教材。大字報的內容正面地挑戰了學術自由下老師自由決定用何種方式講授教學的權力，讓台大法律系的老師們爲之震驚，轟動了整個法學院。

後來，該名學生是否順利畢業，不得而知。不過可以確定的是，羅昌發老師對學生的反應，感到很失望，決定短期內不再教授這門課，而由別的老師接手。但是，羅昌發老師仍認爲，學生要有競爭力，就應該要具備讀、聽英文的能力，才能在未來全球化競爭激烈的市場下存活，所以仍然本著教學的熱忱，堅持開授用英文講授的課程，不過只能開在選修課，而不能開在必修課，以免學生再度反彈。

從這個事件顯示出，老師雖然希望同學多學點有用的知識，卻會在同學們的反應不佳下，調整上課的內容。在這個個案中，老師想讓同學國際化，提升英文的閱讀能力與聽力，使同學將來在就業時，可以較從容地應付外國客戶，替外國客戶看英文契約。可是，學生認爲他不必學這個，並用激烈的方式表達，結局是校方順應了學生的需求。以下，我會說明，法律系的課程設計與安排，會受到學生們準備國家考試的影響而調整，但是學生們的反應方式卻不必那麼激烈，其實更多時候，他們只要用選課來表達他們的立場就夠了。

必修課程

台大法律系共有三個組，分別爲法學組、財法組、司法組。每組每年各招生約五十名的學生，不過再加上每年轉系、插大的學生，到四年後畢業時，一個組通常都會變成八十人左右。許多想念台大法律系但在大學聯考分數不夠的同學，會選擇先進分數夠上的台大的其他科系，然後再想辦法轉系。

三個組看組名，大致可以分辨略有差異，不過實際上卻又沒太大的差異，這與其他科系分組的模式不同。其他科系的分組，可能是在大一大二修了共同專業科目後，大三大四就明顯地分道揚鑣，不過法律系的分組卻不一樣。我們三個組的必修課程大部分都一樣，從大一到大四都差不多，而分組的差異只顯現在少數必修的不同。法學組強調比較法學與基礎理論，必修多了外國法學群（主要爲英美法導論、英美契約法、英美侵權法）與法理學群等課程；財經法學組強調財經相關法學，必修多了財經相關法學群（主要爲智慧財產權）；司法組則強調司法實務，必修多了司法實務課程（主要爲民事審判實務、民事審判實務、非訟事件法）。看起來三個組還是有所區分，不過實際選課後的結果，卻不是如此。一方面，台大的選課非常自由，所以同學都可以按照自己的喜好，自由選課，不受分組分班的限制。另一方面，他組的選修課程，如果與國考有關（例如司法實務課程），或是好混的科目，同學都還是會去選修，所以基本上分組的效果不明顯。甚至分組可以說，是爲了多收點學生的政策性安排，這些因分組後爲了區分而加上的必修課程，只是點綴，其實主幹課程還是一樣。實際運作上，若眞要說法律系有分什麼組的話，大概可以簡單的區分爲兩組，一組是國考組，一組是非國考組，當然，以國考組爲大宗，本章所描述的物件，大部分也都是國考組爲對象。

三組共同的必修課程，大部分都是順著國家考試的考試科目來安排。大一要修憲法、民法總則、刑法總則，大二要修民法債編、物權編、親屬繼承編、刑法分則、行政法，大三要開始上訴訟法，包括民事訴訟法、刑事訴訟法，以及商法，包括公司法、票據法、海商法、保險法，大四則是國際私法與強制執行法。大部分的課程，都是國家考試要考的科目，而且上課時數比重很重；反之，如果不是國家考試要考的科目，比重就會放輕。例如光是一科民法，就總共開了包括民法總則、民法債編、物權編、親屬編、繼承編等課程共十八學分，就是爲了國家考試中的一科，而且這還不包括後續開的一些相關的選修課。之所以會要用這麼多的時數，包括必修以及「必備的選修」，來講授國家考試的一個科目，是因爲相關的法條太多，老師在教學上爲了要完整介紹法條架構與學說爭議，就必須要花這麼多的時間才能夠面面俱到。不過即使如此，老師通常還是上不完所有的內容。

由於必修學分太多，使學生沒時間修別的選修課，系務會議也特別針對這個問題，提出改革方案。例如針對民法一科高達十八學分的必修時數，其他科目的老師曾建議刪減，但遭到民法老師的強烈反彈，而不了了之。就算有成功改革的方案，效果也不明顯。例如原本上下學期共六學分的行政法，為了讓學生多一點選修的彈性，就減為四個學分，然後再讓學生依自己的興趣選修一門相關的進階課程。這樣的調整原本立意良善，但是因為近年來立法院通過或修正了許多在行政法領域中重要的法律，許多國家考試的題目，都會與新修正的條文有關係，加上大部分的老師都沒辦法在四學分的行政法課程中，完整地把相關內容都教給學生，導致老師還是得在進階的課程中，把沒教完的課程繼續教完，而失去了原本的用意。

學生選課偏好

如果一門必修課有三個老師開課（因為有三個組），在自由選課的結果下，很容易發現其中一兩個老師非常熱門，剩下的老師則是門可羅雀。老師之所以受到學生喜愛，除了老師個人的講授風格和同學的接受程度有關外，老師講授的內容是不是與考試有關的主流學術，也是影響的重要因素。例如開某個國考科目的三位老師中，年輕的那位老師口齒清晰、舉例生動，但卻因爲所授內容不是國考重心，所以未得到同學們的愛載；反而，同學們選擇了年近七十、口音濃厚的老教授的課，而他上課時除了隨性所至的閒聊外，就只是拿著教材要同學劃線，但是因爲內容是主流學術，國考必考，其本身也是國考出題者，所以最後勝出。

除了必修之外，在選修方面，老師們開了各式各樣的選修課讓同學選修，不過同學們的反應卻讓老師們失望。同學們的選課取向是很明顯的，有兩個決定性因素。第一，選修課好不好混？第二，選修課與國考內容有沒有關係？

就第一點而言，既然是選修課，一定要修好混的課，最好是可以不用來上課的課，這樣同學就可以把時間留在準備國家考試上面。因而，一些對同學要求不高、分數又給得甜的老師，其所開的課程，就會變成同學們的最愛；反之，如果要求很多，例如要交報告或作業，或者傳聞老師會當人，都是票房毒藥。例如有位老師的課，教的是非國考的科目，不需要期末考，只要繳交期末報告，同學們整學期都可以不用來上課，只要到學期末在網上隨便找些資料剪剪貼貼，完成一份報告，就可以順利過關，得到兩學分，因而成爲同學們的最愛，歷年高居選修排行榜第一名。當然，同學不想上課，除了因爲好混外，該名老師習慣遲到早退、甚至常常請假的行事風格，常讓來上課的同學撲空，也是同學們不愛來上課的原因。有一年，老師覺得同學都不來上課，偌大的教室空空蕩蕩，與選修人數差距太大，面子掛不住，讓他非常火大，決定這個學期改成期末考試。當下，那年的選修人數，馬上驟減一半以上。不過，經過一個學期的試驗後，老師還是恢復了只要交期末報告的規定，而同學們也恢復選課的熱潮，那門課立即回到排行榜第一名。

第二，如果選修課與國家考試科目的內容有關，即使要求嚴格，同學們還是會去選修；反之，如果課程內容與國家考試的科目無關，那麼除非是好混的課，否則選修的人也不會太多。例如以前的國家考試要考破產法與強制執行法，兩科多由同一個老師教，雖然是選修，但幾乎三個組的同學，都會「自發性」地選修。近幾年不考破產法後，同學們雖然還是會去強制執行法的課程捧場，但是到了下學期的破產法，就幾乎沒有人要上了，這很明顯的看出同學們的考試選課偏好。

有時，老師開的課是與國家考試科目有關的選修課，很多同學都想來上，但是因爲上課要求太過嚴苛，例如可能要求每次上完課都要寫作業，或是必須交期末大型報告，使得同學又猶豫不決，最後每每演變成旁聽的同學很多，卻沒幾個選修。例如我曾上過一門課，一學期要交三次作業與三次考試，平常上課同學都多到滿出教室，我常常要搬椅子坐在走廊上課，沒想到到了老師指定的小考日時，卻發現教室稀稀落落，才知道原來選修的同學這麼少，大部分的人都只是來旁聽的。

我常常在台大的網路課程選修系統中，看到某個老師計畫開門新奇的課程，供同學們選修，不過可能是所開課程與國考無關，或是對上課要求過於嚴格，而讓同學望之卻步，最後在初選結束後，網路上的那門課程就打出「停開」的字樣，表示因爲選修的人數過少而開不成課。在台大，選課人數低於五人才會開不成課，而全法律系有將近一千人的學生，表示這門課眞的很不受學生歡迎，但是諷刺的是，這位老師所開授的主流課程，卻是每學期都爆滿的大熱門，形成強烈的對比。

另有一位老師，他所開的主流課程通常也是大熱門，爲了因應他的超人氣指數，他的課都是在法學院大禮堂上課。他開了一門選修課，教授國考不考的課程，由於他已經習慣在大禮堂開課，所以上課地點也是選在大禮堂。結果，選修的人數只有三十人上下。雖然人少，老師卻不更改上課地點，繼續留在大禮堂上課，形成一幅吊詭的景象，讓同時段上課人數擁擠的老師略有微詞。

開課趨勢——台大補習班

如上所述，學生們的選課偏好，嚴重的影響到了老師的開課趨勢。台大法律系師資豐富，老師各有專長，可以開的選修課很多，但是受到市場因素影響，許多選修課因而開不成或是選修人數太少，老師在開了一兩個學期這門選修課後，可能就會意興闌珊的收掉這門課。很多有關國際商務的選修課程，其實在進入法律實務工作後，是必備的謀生工具，但是因爲國家考試不考，同學們也就不選，使得開課的老師們很失望，卻在改變不了被考試制度扭曲的現狀下，只能在課堂上發發牢騷。這些課因爲人少，學期末時老師會請同學出去喝個下午茶，討論一下如何改變上課內容或方式以吸引學生選修，最後通常結論是：如果國考制度不改，談什麼都沒用。

另外，近年來卻有愈來愈多名爲「實例演習」的課程（包括實例研究、專題研究等），出現在台大法律系的選課單上，供同學選修。系方對於這股趨勢，所做的合理化說明是，學生在必修課上學到的那些知識，比較難消化後靈活地運用在處理實際問題上，開這些實例演習課程的目的，就是爲了彌補同學們這方面的弱點。出發點很好，可是實際上運作的結果，卻是讓台大法律系成爲名符其實的台大補習班。

怎麼說呢？看看實例演習課的上法。實例演習課在學期初的頭幾周，老師會教大家怎麼「解題」，或者說是如何「在考試時作答」。老師會教導學生，如何分析一個題目、抓到題目中隱藏的爭點，然後如何有層次的分段式作答，列舉一、（一）、1、(1)等標點，千萬不可以成「團塊式」書寫。當然，若在問題點上存在甲說乙說，可千萬別忘了寫上去，不過最重要的是實務見解採哪一說。如果要發表自己的見解，千萬不可以寫「我認爲」（你是什麼東西！），要寫「學生認爲」、「愚生認爲」或「拙見以爲」，不過，最不卑不亢的寫法是「管見以爲」。最後，若是行有餘力，別忘了買支黑色的原子筆，這樣能讓你的考卷在萬千考生中較爲突出。接下來的幾個星期，老師就會出實際的題目給大家練習，然後再一一檢討，就這樣一題接著一題，上完整個學期的課。除了不是照座號坐之外，這與補習班有何差別？

當然，某些老師在設計或選擇題目上，會挑選有爭議性或值得說明的題目，作爲教學之用，並非全然是補習班的翻版，仍然保有某程度的學術性在，但這仍然無法減低其補習班式的強烈特色。老師用出案例的方式讓學生練習，當這個老師是潛在的國考出題者時，學生們會有個期待心理，認爲可能老師在課堂上討論的案例，說不定就是今年的國考題目，因而大家趨之若鶩，再度擠爆另一間法學院教室。我曾上過一個老師的實例演習的課，後來在研究所考試時，就考出上課曾討論過的題目，而這個問題算是蠻冷門的，外校的同學如果沒有來旁聽的話，應該是不可能會寫的，而當初有來旁聽這門課的本校同學（他們都沒修），考試時看到這個題目，一定會在心中短暫地竊笑著。不過，這畢竟只是研究所考試題目，據可靠消息指出，二〇〇二年律師考試某科題目，就完完全全是台大法律系某實例演習上課討論的題目。

實例演習課的開課趨勢，是近兩年才開始在台大流行起來，顯示出台大開課的趨勢漸漸與國家考試妥協。或許，這是系方與補習班競爭的一種方式，希望學生不要都只到補習班上課而不來學校（這下一章會詳細說明），或者是讓沒錢補習的同學在台大可以享受到補習班的效果。當台大法律系這種直接由出題老師擔綱主演的實例演習課程，漸漸為他校所熟知後，必然引發另一股旁聽人潮，將再度擠垮古老的台大法學院。

東吳大學與中原大學五年制法學教育

台大法律系雖然師資豐富，但課程規劃漸漸與國家考試制度妥協，選修課愈開愈少。例如我原本大二大三看到系上開過不錯的選修課，打算大四再去選修，結果到了大四，想修的選修課沒了，換上一堆為國家考試而開「實例演習」的課，令人失望。比起國內另外兩所採取五年制法學教育的法律系，他們的選修課程豐富完整，令人心嚮往之。

台灣目前大學的法律系，一般都是四年制，但是東吳大學法律系與中原大學的財經法律系，卻規劃成五年的法學教育（新成立的稻江科技管理學院，其中的財經法律系，也規劃五年的課程）。這兩所學校規劃成五年的法律教育，有其不同的理由。東吳法律系的課程規劃目的，是在除了培養傳統的法律人才外，希望加強英美法課程的訓練，提升學生英文能力，以利其將來從事國際法律事務工作[1]。而中原財經法律系的課程規劃目的，是想突破傳統法律人的限制，加強財經相關課程，以培養出具有財經法律專業的人才，以供國家之需[2]。

這兩個法律系爲了實踐其教學理念，規劃了許多相關的課程。爲了提供足夠的選修課程給要念五年的學生選修（畢業學分高達一百八十幾個學分），除了自己系上強調的教學重點外，其他多采多姿的選修課程，也都一應俱全，甚於台大。

不過就現實面來看，國家考試的錄取人數，仍然是以台大、政大、台北（原中興）三校的法律系學生居多。雖然也有不少東吳的畢業學生考上律師，且在國際商務法律業務方面，表現優異（例如理律事務所的律師組成就是以台大法律系與東吳法律系出身爲主），但是在錄取人數上，五年制的多樣化法學教育，仍不敵台大法律系四年制考試取向的法學教育。這種現象隱藏著一個危機，就是我們的國家考試制度，篩選的結果是挑出比較多的考試機器，來替我們人民服務，而那些經過較完整全面的法學教育、思考問題面向較廣的法律人才，卻被擋在這道國家建築起來的牆外。東吳法律系與中原財經法律系的辦學理念與對教育理想的堅持，令人尊敬，但是其辦學的目的，卻因爲國家考試制度而成效不彰。不論是法官或是律師，在處理國際商務糾紛或是財經法律相關議題時，都需要有足夠的知識背景，但是東吳和中原所培養出來的學生，因爲國考成績比不上以考試爲教育導向所培育出來的台大法律系學生，所以較難進入法律實務市場、成爲法官律師，進而所學遭到埋沒，而最終受損的，是台灣社會全體。

【1】http://www.scu.edu.tw/lex/int4.htm

【2】http://www.law.cycu.edu.tw/index.htm

學士後法學教育的困境

所謂學士後法學教育，是指學生大學念的不是法律系，而是其他的科系，在得到一個學士學位後，才來接受法律教育，故稱爲學士後法學教育。這種學士後法學教育的制度，源自於美國的J. D. Program，其大學生在大學時不能先念法學院，一定要拿到某個其他科系的學位後，才能申請進入法學院就讀。之所以要有這種限制，是認爲既然法律是社會各個領域運作的規範，在嘗試研究這個規範前，一定要對社會的運作有所了解，才具備談規範的資格。例如，想要研究與契約有關的相關法律問題，最好有實際的締約經驗，但是對一個高中剛畢業的學生而言，基本上都欠缺這樣的經驗。甚者，在一些新興的法律議題方面，例如要學習生物科技相關的法律議題，最好先對生物科技有較深入的認識，才能確實地掌握問題的核心。

台灣的法律系入學資格並沒有這個限制，所以大部分的法律系學生，都是在高中畢業後就直接進入法律系就讀，從書本與老師的口中了解社會運作的遊戲規則，然後就考上法官定人生死去了。因而，對某些進入障礙較高的領域，在處理相關的法律問題上，傳統法律人就顯得力不從心。例如智慧財產權的登記與訴訟，或是醫療糾紛的訴松，都是傳統法律人的死角。爲了培育相關的跨領域人才，台灣也漸漸有所謂的學士後法學教育出現。例如交通大學的科技法律研究所、清華大學的科技法律研究所、東吳大學的法律研究所法律專業碩士班，而目前台大也正積極推動成立科技整合法律學研究所中。

不過，目前台灣的學士後法學教育，是以法律研究所的方式設立，拿的是法學碩士學位，所以要畢業還得寫出一本碩士論文，這與美國的法學院學生可以直接畢業的方式略有不同。東吳大學法學院院長楊楨在《開闊法學教育出路增添法治制度新血》[3]一文中，就認爲這樣的規定沒有道理，學士後法學教育的學生，在學前階段不是念法律的，到了法律研究所念的，多是基礎法律課程，不應該強要求其寫作碩士論文，以加高其進入法律事業服務的障礙。

據非正式的統計資料顯示，目前台灣有工程師博士資格又考取律師執照的有六位，有醫師資格又考取律師執照的有九位，有會計師執照和律師執照的有兩位，在可預見的將來，經由學士後法學教育培養出來的跨領域法學人才，

【3】聯合報十五版民意論壇，2001/10/18。

會是傳統法律人強勁的競爭對手。不過，雖然目前興辦學士後法學教育的風氣興起，但是在國家考試高門檻的限制之下，傳統法律人似乎還不用擔心這個問題。因爲，具理工或醫學背景的人學習法律、試圖瓜分法律事業大餅時，仍然必須通過一個先決條件，就是要考取律師執照，而目前高門檻的限制，極可能會阻礙這些人順利取得律師執照，且在與以考試爲導向的大學法律系學生競爭時，也很難勝出，最後可能像與中原財法與東吳法律的辦學理念一樣，有美好的夢想，但卻被國家考試制度扼殺。

從崇右企專財經法律科到大學財經法律系

國內第一所五專設置財經法律科，就是崇右企專，並於九十學年度開始招生，招收四十五人，還提供每位同學二萬元獎學金，以吸引同學報考。並且同是台大法律畢業的副總統呂秀蓮，也出席了該校財經法律科開幕的植樹典禮，引來各界的注目。

消息一公開，馬上引來法界的反彈。反彈的理由多是認爲，在專科設置法律科，與推動學士後法學教育的趨勢背道而馳，許多人都認爲，大學生缺乏社會經驗，一畢業就去考律師法官，害人不淺，如今居然還讓國中畢業的學生就是念法律，這不是更加深前述的隱憂嗎？

對於以上的反彈，我卻有不同的看法。如果說國中畢業沒有社會經驗不適合念法律，可是我們的大學法律系不也是讓高中畢業生就來念法律了嗎？我想高中的社會經驗不會比國中生的社會經驗多到哪裡去，同樣都是限制行爲能力人，同樣都沒有太多實際交易的社會經驗。況且，目前的國家考試制度，所篩選出來的人，本來就都是選最會念書的人，不是選最有社會經驗的人，如果五專生比大學生還會背書背法條，那麼不正是符合目前國家考試的宗旨嗎？如果認爲年輕人不適合當法官，那麼制度上應該是修改目前的法官考試制度，而非不讓年輕人學法律。所以要思考的是，到底國中畢業生的心智狀態適不適合念法律？如果適合，但念無妨，而不是去想五專畢業生可不可以考國家考試，會不會成爲將來我的競爭對手。實際上，崇右企專開設財經法律科的宗旨，是要培養財經相關法律人才，而不是培養律師法官。專科的教學目的，是在培養技術人才，與大學的教學目的不同。以目前主流大學的法律系的課程規劃、加上同學們的選課偏好看來，似乎也不過是在教導同學成為玩文字遊戲的法匠而已。

實際上，學習財經相關法律，其實就是在學習財經運作制度（大多的制度都是由法律規定），這在大部分的商專其他商科，都是必須學習的實質內容，而今只是特別再加重法律面的學習，並不會因為加了法律兩字而變得多麼神聖。從另一面來說，五專提供五年教育，課程安排較有彈性，因而，一定會要求學生修商學的基礎課目，例如總經、個經、財管、財政、會計等等，如此，具有這些實際背景知識後，學習財經法律，才會較為踏實。反之，目前一般大學的法律系課程規劃上，大部分都沒有要求必修商學基礎科目，到了學財經相關法律時，反而因為無法想像出實際的商業運作，只是空洞地背誦法律規範。

曾經，台大法律系增設財經法組時，初期曾要求同學必修經濟學、會計學與微積分，不過到後來都因同學們反應不佳而改為選修。台大某位老師就曾在課堂上表示，台大法律系增開財經法組是個錯誤，因為根本沒有達到培養財經法律人才的目的。目前，國內的幾所財經法律系，包括前面介紹過的中原大學財經法律系，新成立的稻江科技管理學院財經法律系，以及銘傳大學的法律系財經法律組，都強調財經法律人才的培養，在課程安排上，都要求學生必須先修習實質商學基礎科目。這種要求先修習實質商學基礎科目，再學習財經相關法律課程的規劃方式，其實就頗有學士後法學的精神。不過，這種變相的學士後法學，對文組的學生而言，只能加強商學財經的課程，至於科技相關的基礎學科，文組學生進入障礙太高，有現實上的困難。所以在智慧財產權或科技法相關領域上，只能利用學士後法學的方式，來招攬科技人才研習法律。

綜之，不管是五年制的財經法律科、財經法律系，或是學士後法學教育，都是較爲好的方式，才能爲國家培養出眞正「有料」的人才，替國家規劃、執行相關制度。如果只受過傳統法學教育，然後就想延伸觸角到科技、財經相關法律，反而令人質疑，這些人眞的懂實際的問題嗎？有關於此，在本書第二部分及第三部分會繼續延續說明。

最後，說一個網路上聽來的故事，作爲收尾。有一位稅務律師，對會計和稅法曾經下過功夫研究（應該是在考取律師後），他專辦稅務案件，但他總是覺得坐在庭上的法官，欠缺會計和稅法的底子，每每爲了向解釋法官一個例如「遞延利息費用和利息資本化的差別」的概念，就要花掉不少時間，而且法官還不一定聽懂。他建議，既然法官要坐上台當裁判，至少要對一些基本的概念有所認識，一個連基本概念都沒有的法官，很可能當場就被原告的律師所騙，這樣如何能讓台下的人信服。具體的建議，他認為要當行政法院的法官應該要先考會計和稅法，六十分及格。不過，網路上的朋友都告訴他，台灣沒有這樣的法官。我要加上一句，台灣具備這樣的人才，但很難考上法官。（這與考試制度有關，第四章會繼續說明）

當然，法官專業性不足的問題，或許可以透過引進參審制來解決，關於此點，可參考蘇永欽教授所寫的〈參審是毒藥還是補藥〉《司法改革的再改革》。

結論：課程多樣化的瓶頸

我在下一章會談到目前法律系學生補習情況的嚴重程度，並且可能會令許多人意外地，我會幫補習班的出現與教學成效作辯護。讀者或許會覺得奇怪，一方面我批評台大開設的課程愈來愈像補習班，另一方面我卻又幫補習班說帖，這不是有點矛盾嗎？我的想法是這樣的，我不認爲這樣不好，至少對沒錢去補習班補習的我來說，學校有這種課程是好的，但是我想問的是，台大法律系應該以學術之名行補習之實嗎？！實例演習課原本是想要讓同學將所學用到實際案例上，讓學生學習如何實際操作法條，結果教的東西居然屈就於國考，盡教學生一些考試技巧、學說爭議，這跟原本的目的實在差太多。這裡我想點出的是，一般我們所說的考試影響教學，通常指的是課程設計上國考課目比重過大，但是在這裡我們發現，考試居然還影響到上課的內容。

許多人對法學教育的關懷，是希望考試不要過度影響教學，他們主張要縮減傳統國考課目的修課時數，而加開其他各種多采多姿的課程，讓法律人可以有寬廣的視野、完備的人格以及更多的求生技能。

學生們上了這些課程，是否眞的能夠達到上述的期許，暫且不論，但是一個先天無法突破的障礙是，如果國家考試制度不改，開再多有趣的課，學生們選修的意願也不會高，最後的美意終究無法落實。

美國一般對法學教育的批判，有三個態度。一是認爲法學教育不過是職業教育，根本不該放到大學教育裡頭。二是認爲法學教育的課程內容不夠務實，一些律師在實務上所需要的訴訟技巧、溝通、談判技巧等，法學院的課程都沒有教到。例如商周出版社人與法律系列翻譯出版的《正義的神話》這本書，就是持這個立場，作者史賓塞是一位很有名的訴訟律師，他認爲法學院教出來的學生根本不夠格提供良好的服務。他自己主辦的學校，只需要花一年，而不需花三年，就可以讓一個學生學會足夠的法律知識與訴訟技巧。三是認爲，法律院教的東西太過功利與世俗，未能提供給學生更寬廣的視野與哲學，使得學生最後都跑去當商務律師。這似乎是批判法學的立場。

針對第一個立場，我認爲，其實法學教育眞的可以只是職業教育，不一定要放到大學裡。基本上，如果法學教育完全被律師考試牽著鼻子走，那它眞的就只是職業教育而已，根本不需要放到大學內，也不用高唱什麼「大學的目的是在培育一個獨立思考的人」這樣的口號。關於此點，前面我提到崇佑企專設置財經法律科所引起的爭議，以及下一章我會說明法律補習班其實沒什麼不好，就是基於這個道理。

針對第二個立場，如果法學教育眞的是要培育出一個稱職的律師，那麼，的確就該多一點實務方面的課程，內容要包括訴訟技巧、溝通、談判等。

但是，這樣的知識是無法透過單方面授課的教育方式傳授的，最好的方式，還是必須自己進入職業後，跟著事務所內的老律師，邊做邊學，或者透過強制的在職訓練，才可能有所成效。許多人認爲，現在通過律師考試的人的品質愈來愈低，所以主張不可再放寬律師考試的錄取人數，我在第四章和第五章則會說到，其實就算考再多再難的試，要學生背再多的法條、再多的學說爭議，也沒有辦法確保學生眞的能夠當個好律師。想要透過法學院的課程設計來改革，可能也不會有太大的效果，例如台大爲此開設的實例演習課程，教授的老師們又不具實務經驗，教授的內容也不是實際的知識或技巧，反而最後都是在教考試技巧和學說爭議。

針對第三個立場，基本上，我也希望法律系可以開多一點的課程，讓同學們可以針對個人的興趣去選修，但是目前的困境在於，學校雖然想開一些有趣的課，但是學生卻受制於國家考試，而不會去選那些課，使得許多課居然開不成。另一種可能的方式是，未必要都由法律系來開這些課，而可以讓學生自由地去選修外系的課，讓他們自己去多選些文學、哲學、歷史、社會、經濟、政治等學科的課程，自己去增廣自己的視野與觸角，法律系能做的，只要承認學生所選的外系的課程即可。

不過，是什麼讓我們認爲：我們的社會需要有人格健全、不自私自利、視野寬廣的法律人？是什麼讓我們認爲：法律人應該要承擔那麼大的社會責任？這個問題我在第九章會較深入的討論。基本上，法律人擁有法律這項工具，的確就操控了社會的運作，我認爲，如果讓一般人民了解，法律人是多麼地無知、淺陋，選舉時根本不該選法律人當立法委員、縣市議員，立法委員立法時也根本不用聽腦袋僵硬死板的法律學者的話，那麼，社會何必倚重法律人，法律人何必要是個人格健全、視野寬廣的人？我們何必強要法律人學這麼多東西？況且，他們不但因爲國家考試所以不會去學，他們的背景知識讓他們想學也學不會。

Chapter 3

補習熱——高等補習教育的興盛

李俊德老師，筆名宇法，聽說是宇宙無敵超強法律人的簡稱，乃雙榜文教機構的民法、民事訴訟法的招牌名師。凡是在台北地區的大學法律系學生，莫不聽過這位名師的大名，甚至，他們大多至少都見過這位名師一面。「李老師乃是法學奇才，大學時代即以優異的法學成績嶄露頭角，更在大學三年級時連續通過高等檢定考試、司法官特考及律師高等考試，此等駭人之成績乃繼陳水扁、謝長廷等國家菁英後，十餘年來第一人。」[1]在雙榜文教機構的網頁上如此介紹李老師。雙榜文教機構是一家法律補習班，取名雙榜，就是指來這裡補習的學生，能夠考取司法官特考與律師高考，而雙雙上榜。目前在大台北地區的三家法律補習班，由於靠著李老師的超強魅力，業績一枝獨秀，每年總是招收到最多的法律系學生，去雙榜補習。據說，李老師上課生動活潑，能把複雜的學說爭議，講解得清楚明瞭，而且一再在課堂上提示重點，使同學能夠輕鬆容易的學習。但也有同學反應，之所以不選雙榜而選別家補習班，就是受不了李老師的上課風格。我本身因爲沒上過，所以不清楚到底李老師的魅力究竟何

【1】 http://www.anj.com.tw/aj/teacher/diamond.htm

在，不過在二〇〇〇年左右，倒是紛紛傳聞，李老師實在是太紅了，紅到決定自己跳出來開一家補習班。李老師的舉動，也牽動當時台北法律補教業的整體局勢，進入法律補教業的戰國時代。

以下，我將介紹大學法律系學生到大三以後補習的盛況，及其考研究所的原因，和相關的問題。

補習班興起

據說，雙榜法律補習班的源起，是當初台大法律系有一屆同學，爲了考試而組成一個讀書會，後來這個讀書會的成員，陸續考上律師或司法官後，回來台大帶著學弟妹念書。其中，有個成員家裡比較有錢，願意提供校外的場所，從此，原本的讀書會，變成比較有上課味道的課堂講授，爲法律補習班的濫觴。至於後來它到底如何轉型成正式的法律補習班，不得而知，只聽說早期補習班元老級的教師，都是當初讀書會的成員。至於，法律補習班是如何興盛起來，是另有因素使然。

補習班的興盛，是源自於不上不下的國考錄取率使然。以前，國家考試非常難考，每年錄取人數超低，例如每年的律師錄取人數，總是個位數字，讓大學的法律系學生，根本不敢奢望自己會考上，考不上是正常，所以除非是班上成績排前幾名的同學，會去認眞準備外，否則法律系學生根本不會花太多時間在準備考試上面。可是，當律師錄取率逐年提高，增加到百分之六，每年錄取約兩百人時，想要認眞準備考試的人就多了起來，而法律補習班也就應運而生。

雖然錄取率提高了，增加了同學們準備考試的興趣，但是因爲不上不下，要考上還是必須跟其他也認爲可能會考上的同學競爭，所以最後就產生了激烈的競爭，同學們也就投入更多的時間來念更多的書。

爲什麼同學在學校上了課，還要去補習班補習呢？成永裕教授的分析可以說明其原因。成教授說到，許多老師的教學都太過學術化，爲了說明一個爭議點，就可以甲說乙說德國說美國說扯個沒完，最後學期末可能連一半的內容都還沒教完。

因爲大學的老師欠缺積極講授的誘因，使大部分的老師在學期結束時，都還沒教完所有的內容，甚至一半都不到，但國家考試又可能會去考那些沒教過的內容，要懂得這些沒教過的部分，比起自己沒效率的無師自通，不如去補習班讓補習班老師幫你整理，餵你吃他幫你咀嚼過的內容，讓你消化的更快、更有效率，來得更好。這是會想去補習的原因之一。第二個原因，前面曾經提過，一門法律科目往往通篇充斥著學說爭議，由於自己只有上一個老師的課，只知道這個老師的學說，其他老師的學說，就要自己花金錢、時間去買書、看書來整理，這樣很費工夫，不如把這樣的工作交給補習班來做，你只要去買補習班幫你整理的參考書，或甚至你很被動，得直接去補習班上課讓它督促著你看這些整理好的資料、聽他清晰易懂、條理分明的分析，這樣你就能用最少的時間，了解最多的學說爭議、甲說乙說。當然，也有人單純是因爲自認爲無法有效率的分配時間、鞭策自己，所以需要再多花一筆錢去請補習班來幫他。

綜之，學生會想去補習，是因爲一來，學校老師教授不清楚、不完整，二來，太多的學說爭議要背，而補習班已經幫你整理好，主要基於這兩個原因，使得學生會想去補習班補習，以補充學校沒教的東西。又因爲百分之六的錄取率造成人人有希望、個個沒把握的競爭狀態，使得學生會覺得自己有補習，就能贏過其他人，或是覺得別人都補習，如果我不補會輸給其他人，在這樣的心態下，漸漸地，補習的人愈來愈多，而補習的效果也的確明顯地反應在國家考試的成績上，因而補習成為一股風氣，並且愈演愈烈。

雙榜、保成、高點

既然市場有這樣的需求，自然會有人抓準這個商機，快速的加入這個高等教育的補教新市場。首先，原本就有開辦公務員補習的保成文教事業，馬上擴大宣傳，開始自己的法律補習事業。緊接著，雙榜文教事業也跟著成立，跟保成分一杯羹。約四、五年前，原本專攻商科補習的高點文教機構，看到這塊大餅的商機居然只由兩家補習班寡占，決定不惜成本，積極地投入戰場，也開始開辦法律系的補習教育。不過，據說雙榜的經營者一度經營不善，保成的經營者在以雄厚財力援助後，接下了雙榜的經營權，所以實際上雙榜和保成是關係企業，聽說兩家補習班的老師也是互為流用。

三家補習班各有特色，同學們可依不同需求去選擇。師資方面，保成與雙榜，任用的都是專業的老師，而高點任用的，則是甫考上國考的法研所碩士班學生來當老師。價格方面，高點採用低價策略，例如同樣是全修班，高點開價兩萬八，還送一堆禮卷，而保成和雙榜則約略是三萬五。同學在選擇時，如果想負擔低一點的學費，可能會選擇高點，但是因為高點的老師都太年輕，教學經驗不足，而可能會多做斟酌。至於保成或雙榜，同學選擇的因素，大部分都是以主要的任課老師為決定性因素，例如保成曾有過範律師和李淑明等王牌陣容，是同學們選擇保成的主因，一如雙榜的名師李俊德，也是同學選擇雙榜的主因。

三家補習班的激烈競爭，某方面來說，確實嘉惠了辛苦的考生。就補習班出版的教科書來說，由於補習班為了招攬學生，能寫出學說整理清楚、說理簡明易懂、又能抓到考試重點的參考書，是補習班累積口碑最好的策略之一。因而，印刷精美、內容豐富有趣的參考書一本接著一本出，讓同學們終於能擺脫看半文半白、有字天書的法律教科書的悲慘命運。例如高點補習班蔡律師所著的刑法參考書，就因為整理清楚，文字幽默，還常舉金庸武俠小說的情節當例子，就深獲同學的喜愛，暢銷一時。我第一章曾提到許多同學因為有共筆可買，就不買教科書的情形，但是因爲補習班寫的參考書確實是好，反而那些同學會去買參考書，但還是堅決不買教科書。甚至，台大曾有老師就直接指名，某補習班寫的參考書確實不錯，推薦同學爲睡前枕邊讀物的例子。除了參考書外，補習班也常免費散發一些印刷文宣，內容可能是最新實務見解、體系整理、或考題解答等等，而且愈來愈厚，也或多或少地在同學學習時作爲輔助工具書，小有幫助。此外，除了以補習班名義出版參考書外，三家補習班也擁有自己的出版社，出版學術期刊（此在第七章會做介紹批評）、教科書、論文集等，積極地參與法律文化的傳播與推廣。

雖然補習班幫學生整理老師的學說，對同學來講是件福利，不過也有負面的例子。台大法律系駱永家教授曾在上課時，針對某一個訴訟法的概念特別強調了好幾次，希望同學能徹底搞懂。因爲有一年他出了相關的題目，去改考卷時，發現很多人都寫錯答案，而且還錯得很一致，在他明查暗訪下，最後發現原來這個是補習班傳授的標準答案，補習班老師自己誤解了學說的內涵，連帶地也波及了來聽他課的學生，一起都寫錯答案。這個例子也顯示出補習的人數愈來愈多，以下將會描述目前補習人數是多麼的多。

國考派學生

所謂的「國考派」學生，是指那些受到國家考試嚴重影響，而在學習行動上，產生與大學期待的學生學習方式完全背道而馳的大學法律系學生。他們的人數，在目前的大學法律系中，占了絕對多數，幾乎成爲法律系學生的典範，反而那些非國考派的學生，學習行爲正常，卻成爲少數的異端。

國考派學生的行爲，受到國家考試的影響，被嚴重的扭曲，並展現在各個方面上。在大一大二時，通常看不出誰是國考派學生誰不是，因爲大家都還沒想到兩年後的國家考試的事。大家或是熱衷參與社會活動、擔任社團幹部，或是陷入無法自拔的熱戀、每天忙著出門約會，或是繼續上山下海的出遊、立誓不吃遍台灣各縣市每一個聽過的小吃絕不善罷甘休，根本沒想過自己也有成爲國考派的一天。最明顯的分際點，出現在大三。大三時，同學們必須面臨一個人生最重要的抉擇，那就是他要不要成爲一個國考派學生，如果答案爲肯定，那他必須掏出三萬左右的錢，來繳補習班的學費，然後從大三下學期或是暑假開始，正式成爲國考派學生的一員，開始出現國考派學生的症狀。

其實三家補習班的招生人員，幾乎是一年四季都在各法學院的校園輪流巡迴演出，不過在下學期時，宣傳會非常密集，三家的招生人員，幾乎都常駐在法學院的學生餐廳裡，隨時等著想通的同學，接受他們的報名。大部分的同學，都是大三下學期去報名，然後在三升四的暑假，就開始密集地上課。有些同學比較前瞻，在大三上時，就先報了名，可以在大三下時先選擇聽個別的科目，到大四再來個全面衝刺。甚至，最近聽說補習班的行銷策略改變，積極地宣導學生早一點報名，也提供更好的優惠，愈早報愈便宜，似乎現在已經有學弟妹，在二年級就已經報了全科，然後選擇性的去聽想聽的課。

由於三家補習班都集中在台北火車站附近，離補習班較遠的學校的學生，就可能只會選擇在暑假報名單科，因爲只有暑假才有空去補習，例如政大的學生正是如此。至於學校不在台北的，例如東海法律系、中原財法系的學生，甚至嘉義的中正法律系，也會趁暑假來台北選補單科，雖然台中早有一家康德法科補習班。那些只能在暑假或寒假來上課的同學，通常會把課程排的很緊密，可能下午有課晚上也有課，求學異常艱辛。

聽中正法律系的朋友說，他們一班五六十人，幾乎全班都有在寒暑假來台北的法律補習班，選聽至少一科單科以上的課程，而且他們還會分工合作，某些同學聽民法、某些同學聽刑法，最後開學時，大家再交換上課時錄的錄音帶或拿的資料，齊心協力，共同向國考邁進。另外，二〇〇〇年左右，政大法律系學生律師的錄取率，曾一度低於台北大學（原中興大學法商學院）法律系，可能的解釋之一，是因爲台北大學離火車站較近，可以天天來補習，不像政大交通較爲不便，只能選在寒暑假來補。

雖然律師錄取率提高爲百分之六已經略有十年，學生也早有上補習班的風氣，不過在九〇年代初期，同學都是畢業後或是當完兵，才會去補習班報名，少有在大學時代就去補習班的。同學們在大三報名補習班，眞正開始變成一種全系運動，似乎是近三年來的事。記得我大二時曾經聽過補習班這樣的宣傳：「你們台大的學生都自以爲很聰明，既不補習、又不認眞念書，看吧，你看中興大學的學生有補習的結果，反而考的比你們台大學生好。」似乎是在說高我一兩屆的學長姐，補習的風氣不盛。或許是這樣的宣傳發生了作用，到了我這一屆，三個組幾乎五分之四以上的同學，全都在大三乖乖地去補習班報了名，成爲所謂的國考派，這樣的高比例眞令人驚訝。而且這種幾乎全部同學都報名的現象，也已經出現在下一屆的學弟妹身上，甚至有許多消息來源一致指出，有不少對人生規劃很清楚的學弟妹，在大一就已經天天向補習班報到。看來，這股熱潮會持續很久。

大四不來上課

本來，台大法律系一百四十八個畢業學分，如果一個學生前三年每學期都修二十出頭的學分的話，大四應該剩下十幾二十個學分。最少，應該還是有十學分沒修，可是，在法學院已經很難看到同學們的身影了。他們到哪去了呢？

大部分國考派的同學，到了大四，一個星期所有的時間，不是去補習班補習，應該就是窩在家裡或宿舍或是在法圖念書。至於學校的課，他們都會選擇修最好混的課，這樣他們就可以不用來上課，只要到學期末來考個期末考混過去就行了。

所以，很多同學眞的就這樣消失了。即使那是一門國考科目的課，大四的同學們也都不會來學校上課，反正補習班也有這門課，而且補習班老師教得比台大教授要好太多了。例如，有門大四的必修課，其中一位老師特別熱門，並不是因爲他是國考的出題者（他的確是），而是因爲他根本不管學生的出席率，到期末還會幫同學劃線、宣布考試重點，分數又給得超高，簡直是集國考派學生最喜愛的優點於一身，所以非常熱門。再提醒一次，同學是不來上課的。

只要是可以摸魚打混的選修，都是國考派學生的最愛，反正他們選修的目的，不在於學習知識，只是爲了湊滿畢業學分。相反地，如前一章所述，倒是可以在實例演習的課上，看到平常見不太到的同學。也要提醒一下，他們並沒有修那門實例演習，因爲有作業、報告、小考等等，他們只是來旁聽。

從某個面向看來，國考派學生的作息非常正常。他們通常白天會待在某個地方念書，然後晚上去補習班上課，日復一日，就這麼充實而規律地走完大四這一年。反正，沒重要的事是不會去學校的，除非聽說老師要點名，或是要考期末考。

這種大四不來上課、拒絕吸收國考以外的法律知識的趨勢，除了前一章所敘述的，嚴重的影響到法律系的課程安排與選修課的開設，另外，也導致一個學術活動黯淡的消逝。

台大法學基金會是由台大法律系的校友與任職教授所成立，其成立宗旨之一是爲了推動法學的教學研究，並希望藉由舉辦學術活動來提倡法學研究。爲了促進台大法律系大學部與研究所同學的研究興趣，台大法學基金會舉辦了「學生法學論文比賽」，分成研究所組和大學部組，歡迎同學嘗試寫作法學論文參賽，獎金豐厚。這個比賽舉辦的頭兩屆，參賽人數踴躍，基金會一共提供前三名與佳作數名的得獎機會，幾乎都是全數頒發。我升大四的那年，因爲之前看到學長姐們的研究受到如此優渥的獎勵，我也在暑假認眞的寫了一篇文章，參加了第三屆的學生論文比賽。那次比賽的截稿時間，因爲參賽情況慘淡，特別延緩了一個月，不過到一個月結束後，大學部的參賽者仍只有兩位：我和另外一位班上同學。好不容易，半年後，比賽結果公布，我得獎了，另一位同學落榜。一位與我們較爲熟稔的老師跟我們說，另一位同學落榜的原因，不是因爲他文章的內容差，而是審查的評審們認爲既然只有兩人參賽，不能讓外界有「參加就當然得獎」、「人人得獎」的印象，所以才將之割愛。

參加的人數之所以比前兩屆少，某方面可能是因爲到了我們這一屆，同學去補習的人數大增，幾乎將近五分之四的同學都有補習，他們都成爲所謂的國考派學生，整天忙於背誦，似乎沒有時間停下來反省思考自己所背誦的知識，當然也就沒能力嘗試論文寫作。這個比賽原本的目的是希望提倡學生研究風氣，但是最後還是敵不過國考的強大魔力，基金會在發現參賽的情況居然這麼不熱絡的情況下，目前暫時決定無限期停止這個比賽。

另一個類似的例子是，終身致力於法學教育事業的李模教授，所成立的務實法學基金會，有提供大學法律系優秀學生獎學金，獎金的額度是所有國內法律獎學金中最高的。這麼高的獎學金照理說應該能吸引不少優秀學生申請才對，可是事實並非如此。由於李模先生所希望的優秀法律系學生，並非只是成績優秀的學生，而是希望具備一點研究能力（反省思考創新）的學生，所以這個獎學金與國內其他法學獎學金最大的不同之處在於，它要求申請的學生必須提供一篇比較像樣的法學論文。同樣地，由於有這個限制，成績優秀的國考派學生根本沒有寫過這種論文，要他們爲了申請一個獎學金而臨時「生」出一篇論文出來也不太可能，所以以台大來說，根本沒幾個人有能力申請。不過，大四那年我申請了，而且台大校內沒人跟我競爭。二〇〇二年時，我又在台大法律系的BBS上看到相關的消息，看起來似乎是當年台大又沒有學生申請這個獎學金，讓校方有點難看，所以所上助教在BBS上做點廣告，希望同學申請，就算把某門課的報告拿來當作論文去申請也無所謂。

以上兩個例子，都很明顯的反映出大學部的學生是如何的國考取向，連豐厚的比賽獎金都無法勸他們回頭。（當然，比起以後律師法官的薪水來說，他們犯不著爲了這點小錢而反而因小失大。）

其實，台大法學基金會的學生論文比賽停止舉辦也不能全歸罪於大學部的同學不參加，事實上，那年研究所的同學，得獎的也只有兩位，想必參賽的人數不會超過四人，連研究所都這麼欠缺研究風氣，可能也是讓主辦單位失望的原因，而爲何研究所的學生也不參賽，可能的原因以下繼續說明。

考研究所的動機

目前，法律系畢業的學生，考法律研究所的人數愈來愈多，幾乎是所有的同學都會報考，但是其動機卻未必是想做研究。對男同學而言，考研究所一個很大的動機，是爲了避免兵役問題。每年的律師司法官考試都在九月份以後，男同學在六月中畢業以後，如果沒有考上研究所，就必須入伍受訓，那麼就不可能有空閒準備考試，因而畢業那年絕對是考不上國考。例如前年法學組的應屆畢業生，律師考試共二十九位及格，但其中二十八個是女生，清楚地顯示出當兵嚴重影響了男同學們的考試準備。而退伍後，因爲中間荒廢了兩年學業，腦袋中早已忘光那些甲說乙說，退伍那年也一定考不上律師。爲此，又必須花錢去補習班補習，可能過個一兩年才能考上。就是因爲兵役問題對法律系的男同學的考試來說影響重大，如果不考上研究所，可能要會多花個三年左右的時間才能考取，所以男同學們才會想要先念研究所，這樣他們不用擔心兵役的問題，而他們也可以在研究所三年中心無旁騖地準備國家考試。

相較起來，女同學沒有兵役問題，念研究所來說，反而延緩了她們進入就業市場工作的時間，所以報考研究所的人數較少，但是還是超過一半的女同學會報考。那女同學們報考又是出於什麼動機呢？主要是因爲台灣文憑主義盛行，同學們都會考慮到，將來如果要當律師或法官，有個碩士學位，升遷會較爲容易，所以反正要準備國考，也就順便去考個研究所，如果考上了，就去念，考不上也無所謂。而且六月中畢業後，因爲國家考試還沒有舉行，女同學馬上得面臨工作的問題，如果想不工作而要專心念書，最好的方式也是選擇考研究所，才得以免去家人催促出去工作的壓力。

以上原因，是國考派學生爲何想考研究所的動機，他們只是把研究所當作一個跳板，只有少部分非國考派的同學，才是眞正想作研究的。

台大法研所有四個組，基礎法學組、公法組、刑法組以及民商法組。通常，國考派同學因爲國考科目與民商法組的考試科目全部相同，且都是國考中份量較重的科目，較多的同學會選擇考民商法組，這樣一邊準備研究所考試，同時也是在準備國家考試。公法組的考試科目與國考也都相同，人數次之。刑法組因爲要多準備一科犯罪學，這是國考不考的科目，所以又更次之。基法組的考試科目有法律史和法理學兩科非國考科目，是最少人報考的組別。

大部分的男同學都會報考很多家研究所，甚至不惜報考位於南部的成大或中正法研所，想說不管如何，只要有考上一所，就要去念。而女同學則比較多只報台大一家，考不上不念研究所也無所謂。國考派同學大部分會選擇報考民商法組，畢竟其本意就是在準備國家考試，不過也有些同學會基於其他策略，做出其他的策略性行爲，選考競爭較不激烈的研究所或組別。有些同學認爲民商法組太多人競爭，因而選考人數較少的其他組別。例如以往許多同學會選擇考台大的三民主義研究所（現已改名爲國家發展研究所），他們的動機不單純是因爲三研所的課程內容較爲多元（不限於法律，還包括經濟、社會、政治、兩岸），而可能只是因爲對法律系畢業同學來說，三研所較爲好考，所以報考。又例如我有個同學一開始就把目標設定在海洋大學的海洋法研所，因爲那所每年的報考人數只有三十多人，錄取率高達三成，心想應該是個好考的所，可以輕鬆考上，不必跟別人擠破頭的競爭民商法組的名額。他的動機很單純，就是爲了避免兵役問題阻斷他的考試準備，去海洋大學後也會繼續準備國家考試。事實證明，海洋大學不太好考，我的同學最後沒有考上，但他馬上又選擇另一個策略性行爲——延畢。

「策略性延畢」，在目前台灣經濟不景氣、失業率高漲的當下，似乎是個普遍性的現象。據報載（中國時報，2001/5/18），那年的大學應屆畢業生中，高達九分之一的同學選擇延畢。因爲怕今年畢業會找不到工作，或是想繼續考研究所，再加上男同學的兵役問題，所以策略性延畢的人數增多，比去年增加百分之四十。通常爲了延畢，同學們會故意留一科必修科目不修，等到大四最後一個學期再修，待研究所考試放榜後，如果發現自己沒上，就不去考那一科的期末考，這樣那科不過，就可以不用畢業。有不少同學都曾在研究所考試前後，思考自己策略性延畢的可能性，最後也有付諸行動的。而且的確有同學在採取這種策略下，來年考上理想的法研所，更增加了同學採取這種策略性延畢的意願。例如今年應屆畢業的台大法學組的男同學，人數約略四十人，但不超過五個去當兵，他們要嘛不是考上研究所，要嘛都是選擇策略性延畢。

研究所生涯

國考派學生對進入法研所的欲望是如此強烈，但是進入法研所後，他們的學習熱忱相對地卻顯得有點低落。

以往每年的律師考試，排定在十二月底耶誕假期左右，法研所的老師們，都明顯地感受到，同學們在上學期的翹課情形嚴重。通常，爲了不因爲研究所課程而影響準備律師考試，上學期，研究生們都儘量選最少的課，如果不得不選，也會到處去打聽，選最好混的課。到了十一月中旬以後，同學們翹課的人數就激增，讓本來人數就不多的研究所的上課情形，慘不忍睹。有些老師到了十一月中旬，覺得只有兩三隻小貓來上課，不如不上，乾脆就宣布停課一個月，讓同學們專心念書。這種給同學方便的教授的課，也成爲研究生們的最愛。有些教授們爲了因應這個現象，寧可把重要的課，排在下學期才開。

如果第一年考不上，到了二年級，同樣的情形會再度發生，直到他考上爲止，所以這種現象不僅只發生在碩一新生的身上。二〇〇二年起，律師考試時間，從往常的十二月底，提早到十月底考，考選部的官方說法，似乎是方便將來把司法官、檢察官、律師考試三合一的預告，實際上或許可能是法研所教授們受不了學生們不來上課的現象，而私底下去影響考試院的決策者，故才有這樣的變革。（當然，陰謀論者說，因爲陳水扁的兒子陳致中當年要應考，但因爲陳致中有兵役問題，故一方面刻意將只有十個人的軍法預官排成兩梯，將陳致中排到二梯，好讓他可以延緩入伍，一方面又將律師考試挪前，讓陳致中在入伍前得以應考，可免於入伍影響了他的考試準備。）後來，律師考試又提前到八月考，以解決研究生開學不來上課的問題。

除了因爲國家考試而會翹課外，國考派的同學，會選修最好混的課。由於法研所的課多半是交報告，每個人負責課堂口頭報告一次，然後期末再繳交完整的書面報告，許多人因而就只來上他負責報告的那次課，其他同學報告的時候，要嘛就不來，要嘛也是毫無準備的來，完全缺乏學習的熱忱。就報告的質來說，可以明顯地看出，國考派同學也沒有投入太大的心力於報告上。當然，由於國考派同學在大學時代都忙著準備國考，選課通常都選不用做報告的課，因而沒有做報告的經驗，也比較少看其他的論文，甚至不太會搜尋論文，所以可想而知，到了研究所後，報告的水準不如人意。

法研所的同學如果順利考上國家考試，可能就開始在外面的律師事務所實習，甚至實習完後邊執業邊念書。有些同學因爲工作的問題，少有時間可以念書，最後可能會放棄寫論文，而就此不念，畢竟已經取得律師或司法官資格，當初考研究所本來就只是把它當跳板，碩士學位只是錦上添花。例如有位學長好不容易在碩三考取司法官，最後決定放棄學業，直接進入司法官訓練所受訓，這可能是因爲司法界與軍校一樣強調期別，愈早進入司訓所，期別較早，地位就比後期別的學員來的大，所以那位學長才會做出這樣的決定。

除了上述這種缺乏求學熱忱的現象外，另有一個因果關係比較不明顯的問題是，國考派的學生，在大學時代的學習方式多是被動吸收、記誦，他們是記憶能力最好的一群人，但卻未必有創新的精神。前已述及，國考派學生在大學時代對非考試知識的學習意願極低，就算有選修，也是以打混為最高指導原則，故對問題的思考面向，由於缺乏其他法律議題廣泛的認識，往往無法觸類旁通，而在討論問題時，成為只會拿A老師的甲說、B老師的乙說來作為自己的理由的思考模式，這某程度影響了法研所碩士論文的研究方法。

國考派的同學，平常寫報告摸魚的結果，就是自己不太會發掘問題，也沒有創新的精神，所以在寫論文時，都是直接找指導老師，請老師給題目，然後依著老師的指示，一步一步的寫作，最後完成論文。由於現在對論文的要求，幾乎不太存在，只要你敢寫敢交，老師通常都會讓學生過，在論文口試的時候，其他口試委員雖然會指正你論文中的錯誤，並提供修改意見，但是都會給學生過關，所以碩士論文並沒有想像中的難寫。國考派的同學也就這樣因循苟且，在考上國家考試後，心裡面想的只有快點出去工作，根本不在乎自己究竟在研究所學了什麼（反正外人也不知道），往往請老師抓個題目後，就隨便寫寫交差了事，論文的品質只有指導老師稍微能做管制。

研究所入學筆試浪費台灣人力資源

在前面描述過法律系學生大三大四乃至研究所的生涯後，以下我想要說說我對研究所入學筆試與高等補習教育的看法。

首先，是研究所入學考試的筆試方式。

跟許多教授的看法相同，我覺得爲了考上研究所而去補習，並不是一個值得鼓勵的方式。因爲，這樣考上研究所的學生，可能並不是研究所眞正想收的學生。研究所想收的學生，應該是具有相關基本學識，且更重要的是，是要有自主思考能力、具備研究潛力的人才。去補習班補習的同學，只是爲了在研究所的入學考試上拿到高分，而強去記誦很多原本在學校課堂沒有教授的內容，這種囫圇呑棗的學習方式，雖然的確能夠讓學生迅速地學到相關的知識，但是卻未必能提供學生反省思考質疑批判的態度。許多可能較具有思考批判能力的學生，卻會因爲沒有去補習，反而研究所考試的成績不如去補習的同學。正如日本京都產業大學坪井泰柱教授所說的：「日本的入學考試無法篩選出具有創造力的學生，而且激烈的入學考試及相關試題，讓學生傾向熟練甚至記憶試題等技巧。」[2]台灣的研究所考試，採取筆試的方式，看似公平，其實是在阻礙台灣的整體學術競爭力。這種筆試方式所篩選出來的研究生，未必是最優秀（最具有創造力）的人才，但是可以肯定的是，他們是最會背誦的一群。就算，他們的確是台灣最優秀（有創造力）的人才，也早已被考試制度訓練成唯唯諾諾，其創造力也已經消磨殆盡了。那些習慣於背誦的學生，在學習的過程中，嘗到「背多分」的甜頭，反之，那些持質疑批判態度的學生，在拿到考試成績單時，卻遭到了挫折。

筆試入學的方式，在台灣從高中入學考試、一直到大學入學考試，甚至連研究所入學考試都是，已經在台灣教育體制內根深蒂固，難以拔除。當教育改革的列車漸漸廢除高中與大學的入學考試後，反而最不應該以筆試決定入學資格、且影響台灣競爭力最嚴重的研究所教育，居然還是冥頑不靈，令人訝異。

假設，有一個有創造力的大學生，她既聰明又充滿創造力，她覺得大學所教授的內容不難，她應該有把握能充分掌握，但是她覺得沒有必要去死記那些知識，她寧可將時間留下來，對她較有興趣的主題，自行閱讀進階文獻，甚至嘗試研究工作。她一心想要進入研究所就讀，希望將自己的創造力發揮在學術工作上。為了順利通過研究所筆試，她怕同學因為補習而在研究所入學考試時成績比她還好，她也不得不在大四那一年，暫時擱下她目前想念的進階讀物，而花錢到補習班去，補那些她覺得簡單也沒有必要死記的東西。

這樣的例子其實可能發生在許多有才能的大學生身上。爲了參加筆試考試，他們必須把原本可以從事進階研究工作的時間精力，拿來花在背誦不值得背誦的知識上，一切只爲了順利通過研究所考試。如果，他們能夠省下那些背誦的時間，那他們不是就有更多的時間從事研究，可以提早進行更深的研究工作，替台灣的知識經濟注入新的泉源呢？

所以，台灣的研究所入學的筆試制度，號稱想要篩選出優秀的人才，其實是在糟蹋所有台灣學生的生命，讓他們不能去從事更有意義的工作。這其實是國家在浪費自己的人力資源，而且浪費的程度超乎人們的想像。

法律系的同學們會去補習雖然另有其他的問題：國家考試，但是研究所入學考試採筆試方式所導致的惡果，一樣發生在法研所的研究生身上。這點，從他們碩士論文的抄襲翻譯的研究方法，和缺乏創新突破的精神與態度，即可得

【2】引自曾孝明，《臺灣的知識經濟—困境與迷思》，群學，2001.6，第三十頁。

知。

至於，影響法律系同學去補習的主要原因：國家考試的問題，會在下兩章另外討論。這裡我先爲高等教育補習機構做點辯護。

替補習班辯護

先說個現象。有一些在服役中決定要以法律爲職業的人，他們通常是在退伍之後，去法科補習班補習個半年，然後報考大學法律系的插班入學考試，因爲有去補習班補習，以及退伍軍人加分的緣故，不少人就以這種方式在退伍後順利進入法律系就讀。他們繳了大學的學費後，原本是開開心心地去上學，準備認眞地聽講，沒多久，他們發現大學教授的教課方式有夠沉悶、無聊，而且最重要的是，那些學識豐富的教授們居然沒辦法條理清晰的將複雜的法律規定清楚地教導給學生，讓他們開始納悶：自己繳了那麼多的學費是否値得？

對他們來說，讀公立大學一年要花家裡五萬元學費，讀三年，總共就是十五萬元，而且還要投入三年寶貴的光陰，對已經漸漸邁入三十歲的他們來說，時間實在不短，而且已經年近三十還要跟家裡要那麼多學費，心裡也實在過意不去。如果，他們可以去補習班補習的話，他們只要花一年的時間，三萬元的學費，而且還能學到比大學教授教得更清楚、更完整的知識，他們不禁懷疑：我爲何要讀大學？

讀者們，你覺得他們爲何要念大學呢？

答案其實很明顯，這是因爲台灣過於扭曲的文憑制度與國家對教育的高度管制使然。目前，國家考試的報考條件之一，就是要求考生必須在大學修過法律相關科目，才准予報考。有這個限制，造成想考國家考試的人，都必須先去念大學，才能來考試。如果國家考試沒有念過大學這個限制，而補習班能夠更有效率、更省錢，且與大學同樣能讓你學習到你想要獲得你的知識，甚至常常比大學教的還多，你覺得以一個理性的人的角度思考，你會選擇念大學嗎？想必不會。

這時一定有人要說，大學教育不只是在知識的傳授，還在人格的培養，甚至注重五育的均衡發展，還包括豐富的通識教育，其目的並不只是在培養一個職業技術人才，而是要培養一個具有完整人格的人才。

我的回應是：你眞的相信以上的說辭嗎？就算你眞的相信，你覺得目前的大學眞的有達到這樣的目標嗎？前台大校長陳維昭說：「講求品德已成空谷足音；不帶功利色彩的追求知識如鳳毛麟角。」他說的正是台灣的大學教育所培育出來的「具備完整人格」的大學生呢！

你眞的認爲，一個邊工作、邊去補習班補習的人，其品德、識見、歷練，會比大學教育所教出來的學生差嗎？或許在某些地方的確會比較差，例如比起大學生來說，他們比較不會打籃球、唱KTV等，他們這些吃喝玩樂的才能是比較差。那又怎樣？！

想想下面這個例子。一個家境不是很寬裕的高中畢業生，他雖然想要繼續求學，但是家裡實在沒有能力供他念書，不得已，他必須放棄學業，而出去工作。不過，賺錢的壓力並沒有打消他求學的念頭，他想要利用晚上去念書，繼續吸收新的知識，滿足他的求知欲，也爲了求得更多的知識能夠從事更專業性的工作。但是，如果要他去念大專的夜校，夜校的學費也不便宜，而且要讀四年到五年，他家裡又正逢災難，非常需要他的幫助，他的孝心實在沒有辦法容許他半工半讀五年書。怎麼辦呢？

如果，他能夠選擇念補習班的話，是不是上述的問題都能迎刃而解呢？應該是吧。但是，他眞的能只去補習班補習嗎？

答案是：不可能。原因就出在國家的文憑制度，以及台灣盛行的文憑主義。中研院院士朱敬一與中研院社科所研究員戴華在他們所合著的《教育鬆綁》中寫道：「由於社會上文憑主義盛行，一所學籍得不到承認的學校，就算辦得再好，恐怕也乏人就讀。」這就是爲什麼那個孝順向上的年輕人不能只念補習班的原因了。因爲，台灣政府在諸多法令上，都限制必須具有文憑的人，才能取得某種資格（例如律師考試的資格），加上社會觀念也非常重視文憑，導致一個明明具有眞才實料的人，沒有文憑，他只有被瞧不起的份。

大家還記得那些退伍軍人的故事嗎？他們之中不少人，在考入大學之後，發現大學的教授教書教得實在太差，根本比不上補習班的老師，後來即使繳了學校的學費，也不來學校上課，反而去報了補習班的法科全科，將他們大部分的時間都耗在補習班的課堂上或自修室，聽補習班老師清楚生動的講授，看補習班條理清楚的講義，然後順利的考上律師，而且考的成績比那些沒去補習只在學校上課的同學，要好得太多太多。

這是什麼原因呢？補習班爲何能夠這麼便宜又有效率的傳授知識，大學卻不能呢？我想，這個問題的原因我無法在這裡多說，但其實也不難想像。我只提出我的建議：大學的經營與教學應該要多跟補習班看齊。

許多解釋大學究竟爲何物的書籍告訴我們，大學的目的不只是在傳授知識，還有其研究的宗旨，所以，教學的品質原本就不是其唯一的目的，教授們還要投注精力時間於研究工作上，對教學勢必無法全心全意地投入。而且，在選任大學教授的標準上，是以其研究能力爲主要考慮，並非以其教學能力爲參考基準，所以大學教授的教學品質不佳，是前述大學這個機構的既定宗旨所使然，實在無可厚非。

這樣的辯解其實一戳就破。沒錯，大學是該履行其研究的宗旨，但是這不表示負責教授大學部的老師，就一定得是研究人員，而不能是專業的教學者。我們可以輕鬆的設計一套制度，一方面聘用那些具有教學長才、卻未必具有研究能力的人，負責教授大學部的課程；也同時聘用那些具有研究能力、但不具有教學長才的人，負責研究所教學與研究的工作。這樣的設計，應該不是那麼石破天驚而大逆不道吧。

其實，目前大學中有不少大學部的基礎課程，就已經是由博士班的學生負責教授，而之所以讓這些博士班的學生來負責教學的工作，可能的理由之一，是因爲對那些輕浮的大學生來說，年輕的博士班學生，講話授課上一定比中老年的權威教授來得更親切、更清楚且更親和。而且，博士班的學生也普遍比老教授們更清楚地知道學生們的學習障礙在哪裡，而能夠較爲留意其教學的品質與同學們吸收的程度。這種由博士班在大學部授課的方式，其精神與我所提的改革方案其實相去不遠。

採用這樣的改革方案，一方面可以提高教學品質，增加學生的吸收率，另一方面也能讓專事研究工作的教授們，保留更多的時間在研究工作上。且這樣的設計並不會減少教學相長的機會，因爲研究所的課程還是由這些負責研究工作的教授負責開授。而且，這種改革相信定能替最會浪費國家資源的大學們開源節流。如果一個號稱研究型的教授不再從事研究創新，而且他書又教得不好的話，大學就應該解聘這位教授，不要讓他濫竽教席；而專職研究工作的教授，因爲少了教學工作的分心，能夠更專心的從事研究工作，也應該會有更多的研究成果，在目前一片主張大學法人化、自籌財源的呼聲中，此方式也能爲大學賺來更多的智慧財產權。

或許這樣的建議有點異想天開，但是美國所謂的研究型大學與教學型大學的這種分法，其實就隱含了改革的可能。若是大學將自己定位爲研究型大學，可以只開設研究所，然後只聘用有研究能力的教授；反之，若是大學將自己定位爲教學型，就應該聘用教學的能手，且不以他有無取得文憑爲錄用標準。

以目前台灣失敗的高等教育制度來看，同學們花了大量的時間成本、學費，大學卻無法有效率地提供他們所需知識，他們又只好再花更多的時間成本、學費，到補習班再學一次相同的東西。大學生去補習的人年年增加，政府補助給大學的經費也年年變多，試問：我們何苦要浪費這麼大的總體社會成本？

高點補習班在它的網頁廣告上說，他們補習班成員的律師考試錄取率，高達百分之七十，這眞是個令人驚訝的數字。假設高點補習班沒有灌水的話，那麼所有大學法律系就該徹底的檢討了。試問，有哪所大學的法律系的教授們敢跳出來拍胸脯說，他們的畢業生考取律師的比率高達百分之七十的？台大法律系敢說嗎？曾經擁有台大法律系的學生證，眞的比得過曾經擁有高點補習班的法科上課證嗎？台大那張文憑，眞的代表了什麼嗎？應該還不及補習班所頒授的結業證書呢。如果，我們能夠廢除掉台灣文憑制度的相關管制，例如，不要求律師考試的應試條件必須大學畢業，相信台大法律系絕不再會是文組第一志願，第一志願會變成高點補習班。或者，我們就直接將補習班就地合法化，成爲教學型的大學，那麼相信不只是法律系的第一志願要改成高點補習班，商學院的所有科系的第一志願，大概都會改成高點補習班吧！

這樣的改革方案誇張嗎？若你告訴外國人，台灣的大學生有多高的比率去補習，他們可能會覺得這才比較誇張。告訴你一件更誇張的事，目前已經有補習班開設博士保證班，連考博士都要去補習，你認爲這是補習班的錯？還是大學的錯呢？

最後補充說明一點，如果考試制度不改，我認爲補習班是有效率的多，但我不認爲補習班教出來的學生就會是個好律師，他們只是比較會考試罷了。不過，大學教出來的學生，既不是個好律師，也不會考試。

Chapter 4

甲說乙說——國家考試桎梏

有一位大法官，在某個法學領域中是泰山北斗，堪稱權威，大法官解釋中不少外國法的精細概念，都是由其引進，然後成為法界通說。

每年七月左右，他那有名的權威教科書，都會要改版一次，至今已經出到第七版。

他的書在每次改版後，馬上就會成為法界暢銷書，一時洛陽紙貴。許多同學在大二修那門課時，就已經買過那本書的舊版了，但是一聽到新版出來，還是搶著去買。許多考了多年考試還未中榜的同學，甚至四、五、六版都有了，七版一出，還是跑去買了。

為何大家都要買新版的書呢？

據說，這位大法官是國家考試的當然出題老師，每年必定出題，而所出的題目，都出自他舊版教科書沒有、新版加進來的部分，或是新舊版本見解不同的部分。事實證明，一如傳聞所述，國考的題目，果然出自改版的部分，屢試不爽。

同學們爭購這本書最新版本的理由很單純。一、當年的考題會出自改版的部分，你不買來看，你可能在別的書上看不到，所以要買。二、只要花幾百塊買本新書，對照一下新舊版本不同的部分，就能準確掌握考題，輕輕鬆鬆就可以拿下一科四題中的一題，何樂而不爲呢？

甚至，貼心的法律補習班，在每年七月新版一出來後，會馬上開始製作新舊版本對照表，趕在九月司法官考試前夕出刊，讓考生們不必自己花時間找，替考生省下準備考試的時間。

這樣的故事，是不是誇張了點？不過，這可說是法律系同學們的基本常識。本書的前幾章，都提到國家考試對台灣法律教育的嚴重扭曲，或許一般讀者會認爲，想當律師、法官本來就應該考試，難不成都不用考試就全部及格嗎？在本章，我會慢慢說明，並不是不要考試，而是考試的方式及內容不該如此畸形。到底有多畸形呢？以下，除了會介紹國考的制度以及其相關問題，會提出較多反對者的看法。

國家考試

所謂的國家考試（簡稱國考），主要包括三者，一爲司法官特考，一爲律師高考，一爲公務員高考。三者都是由國家所獨占的認證制度，考生必須考試及格，才能取得專門執照或是任用資格。通過司法官考試的，必須進入司法官訓練所受訓一年半，結業後再分發爲法官或是檢察官。通過律師高考的，要到律師公會受訓一個月及律師事務所實習半年，然後就可以對外執業。至於通過公務員高考的，則可能是在公家機關擔任法務人員，或是擔任法庭公證人。因爲公務員高考的人數不多，本書所說的國考，主要是司法官特考與律師高考。

但是本書所想探討的，主要限於律師考試，並且以下我想要說明並檢討台灣律師考試的問題。

對於律師考試資格的限制，原則上只要是大學法律系或法研所畢業，不論是主修、雙修、還是輔修法律系，都有資格參加。如果是大學畢業，但是念的不是法律系，那麼必須修過至少二十學分的法律科目，其中必須包括民法、刑法、民事訴訟法、刑事訴訟法四科。另外，曾經擔任過法院書記官或法律類似職務者，也可以在服務四年後，取得應考資格。最後，通過高等檢定考的，也有資格應試。

以前，高等檢定考試的年齡沒有限制，所以現在檯面上許多知名的人物，包括總統陳水扁，都是在大二大三時，就去參加檢定考試，或是參加普考，考過後再以這個資格去參加律師考試或是司法官考試，所以他們在大三或是大四時，就可以考取律師資格。現在則因爲對高等檢定考試有年齡設限，正常大三的學生，還不符合最低年齡，到了大四符合時，反正就要畢業了，所以近來已經很少聽到有人在大學時代就考上律師司法官的例子。不過不巧，我還眞的有同學在大學時代就考取律師，他本身是因爲服完兵役才來念書，所以年紀較大，可以參加高等檢定考試，所以才能夠在大四就報考律師考試。一般法律系的同學，都是在畢業後才開始參加律師考試。

既然，律師考試是個資格考，題目的設計與考試方式上，應該僅在測驗出考生有沒有足夠的法律知識即可，而不需要故意刁難學生。可是，目前國考最大的問題之一，就是考試方式與題目設計不宜，使許多明明具備足夠的法律知識、可爲人民服務的考生，卻無法通過律師考試。

把六法全書整本背下來

如果一個法律工作者記不起一些實證法規則或條文，那麼他們隨時可以從教科書、法規彙編或百科全書中查到它們。

博登海默：《法理學——法哲學與法學方法》

首先，在考試方式上，目前規定，不能帶法條進場應試，所以逼得考生們必須花費很大的精力在背誦法律條文上。由於做答時沒有法條可看，縱使同學們知道有那個條文，卻未必很清楚記得精確的法條用語，所以只好刻意模糊焦點，以掩飾自己的法條沒背清楚。例如，如果只記得條號，卻不太記得完整的內容，考生在引述法條時，可能會只寫條號，加上法條大意。如果連條號都不記得，考生就只好寫某某法規定，而不敢寫條號，怕寫錯條號反而扣更多分。老師也會提醒同學，如果條號記得不清楚，或是判例的字型大小年號不確定，千萬不要硬寫，否則只會換來扣分的結果而已，沒有好處。在作答時，如果能夠把問題所涉及的法條，一字不漏地寫出來，改考卷的老師，通常就願意給較高的分數。有老師因而戲稱此爲「十句道理，不如法條一條」原則，來告訴同學背誦法條的重要。總之，同學們一方面會把能寫的都寫，一方面也不願意自曝其短，條號記不清楚時，不會隨便引用。

可是，這些法條明明是隨便翻一本六法全書就可以找到的，而考試院居然希望學生把整部六法全書都背起來，有點不符合經濟效益。一般律師在替客戶服務，或是法官在審判時，桌上都會擺一本六法全書以供參照，他們與考生一樣，大部分知道有這樣的條文存在，但可能不太確定明確的用語或條號，或者知道這條大概在哪裡，卻忘了規定內容的結果爲何，所以他們也要放一本六法全書在桌上，以備不時之需。在實務界工作的法律人都必須要看法條了，考試院卻禁止學生攜帶法條入場考試，而要求學生把法典全部背下來，實在沒有道理。如果考上國考的人可以把所有的法條都背下來的話，那六法全書要賣給誰看？難道是只賣給還沒把六法全書全部背起來的法律系學生看嗎？

有的老師表示，如果考試可以看法條，那麼同學一翻法條就可以寫出答案，就完全區分不出學生的水準了，所以如果允許帶法條的話，那必須考難一點的實例題，才能鑑別出學生的程度。所以他們認爲，不准帶法條進場考試的規定，考題在設計上會較簡單，學生只要背出法條，就可以拿到基本分，其實對學生來說較好。但是，事實眞是如此嗎？

一方面，出題老師們並沒有如他們所承諾的，因爲不准帶法條，所以題目出的較簡單，這點下段會說明。另一方面，出題老師們所謂區分考生程度的出發點，本身就是錯誤的。律師考試的目的，是在檢驗一個人是否具備足夠的能力，而不是想在眾多考生中區分等級。例如考駕照時，不需要強調區分程度，如果每個國民都能通過基本的開車能力，那麼就應該都發給駕照，畢竟，駕照考試不是要選出誰最會開車，可以去歐洲參加F1大賽，而只是要確保每位駕駛人都可以安全駕駛。

如果全部的考生，都可以在看法條的情況下，答對題目，符合基本要求，那麼舉辦律師考試的目的已達，全部應該都及格才對，老師們居然還想要在這些都具備基本能力的考生中區分等級，這完全沒有意義。這些出題老師們，似乎是以學校測驗打分數的觀點來看待律師考試（例如一般大學常採用的「曲線理論」，不及格者一定要占百分之五，九十分以上和六十至七十分之間各占百分之十五，七十至八十分及八十至九十分各占百分之三十），認爲律師考試及格者只能占全體考生百分之六，其餘即使是能力夠，也不給及格。學校的測驗題目，設計上的確是要能夠區分學生程度，老師才能予以評分，可是律師考試的目的並不在區分考生的程度，而只是在替人民把關，兩者目的完全不同，出題老師們這樣的心態，並不可取。

例如，我的當事人問我一個法律問題時，縱然我對法條條號記不清楚，但我對法條內容大致知道，我如果可以翻閱六法全書，我一樣可以幫我的當事人處理問題。縱使，我連法條的大致內容都記不太清楚，但是我知道這個法裡面有一條是在規定這件事情，如果可以翻閱六法全書，我也可以找到那一條，一樣可以幫我的當事人處理問題。比起一般的民眾，他們可能連規定這件事的法是哪一個，法條大概在哪裡，都沒有能力自己搜尋，就算給他們找到了，他們也可能會被半文半白的條文內容嚇到看不懂，而在這兩種情況下，我可以運用我的所學來幫助他們，我應該已經具備了當律師的能力，律師考試不應該阻止我替人民服務的機會。

若眞如出題老師所主張的，因爲不准帶法條，所以題目出的會較簡單（實際上並沒有），學生只要寫出老師想問的法條，就可以拿到分數，這樣看來，這樣的題目純粹只是在考學生的背誦能力，而無其他，誰背的多，背的清楚，誰就可以當律師法官。難道，律師考試的目的，只是在找出最好的背誦機器嗎？

甲說乙說與獨門暗器——出題取向學術化

就題目設計上，目前的出題方法，是採申論題的方式，而不是考選擇題或是非題。就以申論題爲出題方式而言，或許可以接受，可是在出題老師的運作下，律師考試卻變成另一個學術的論壇。

除了那種純粹考法條的題目，已在上段說明過之外，出題老師們還有兩種出題取向，一種是出具有爭議性的問題，一種是出自己的獨門暗器。

就第一種取向而言，老師出的題目，並不是一個想當然爾答案就是如此的題目，而是一個在實務或學說上具有爭議性的問題。法律這門學問，充滿太多的學說爭議、甲說乙說，兩個實務上的法院判決可能採取不同見解，而學者們的看法，可能也眾說紛紜。老師想考學生的，不是那些基礎的法律運作，而是站在基礎的法律運作上，對於細節的那些爭議，有沒有了解，希望同學在作答時，能夠寫出不同的實務與學說見解。

這樣的題目，造成考生很大的負擔。考生除了要學會一個法律的基本運作外，還必須背誦許許多多的甲說乙說，而且這些甲說乙說，可能散佈整個法條，從第一條到最後一條，在許多細節上都有爭議。爲了背誦這些甲說乙說，學生必須熟讀很多資料，包括不同見解的法院判決，以及不同主張的學者論著。當然，最後的結果，學生通常會求助於補習班的教材或參考書，以省下準備的時間與金錢。

出題老師對於題目中的爭議，通常都會有自己的看法，學生爲了迎合出題老師的胃口，常要猜想這個題目是哪個老師出的，然後在寫完甲說乙說之後，寫上「學生認爲，某說（出題老師贊成的那說）爲是，理由如下，……」補習班厲害的地方之一，就是能分析歸納出出題老師的慣用術語，用以教導學生，看到怎樣的術語，就可以知道是哪個老師出的，答案就要寫哪一個老師。千萬千萬，不可逆勢操作，自以爲主張與出題老師不同的見解，表示自己是個有想法的人，不隨波逐流，期待老師會給予高分。基本上，這是很少見的。除非你的逆勢操作，有堅強的論證，讓老師看了不得不佩服，才會給你高分。不過通常是老師既然已有自己的看法，一定是認爲其他的說的理由不成立或太薄弱，所以還是謹記，不要犯顏直諫，否則下場自行承受。

幾位閱卷老師表示，在改考卷的時候，其實只要看到考生能夠找出問題點，知道這裡有學說爭議，那就夠了，不需要一定要寫與自己見解相同的學說，最後並強調這已經是閱卷老師們的共識了，所以同學不必擔心選錯台站錯邊。聽起來，這樣的說法可以令學生較爲心安，可是實際上卻沒有緩和學生的壓力。因爲，可能學生根本不知道在那個小點上，居然還可以有甲說乙說（通常是因爲出題老師與通說有不同見解，所以在那個小點上多了甲說乙說），作答時完全沒有討論，最後仍不免一死。

許多同學在作答時，因爲知道出題者喜歡出學說爭議的題目，明明不知道這個問題到底有沒有學說爭議，還大膽地自己亂掰出一個肯定說，然後再掰出一個否定說，最後掰出一個折衷說。有的時候，考生這樣亂掰，還眞能給他掰對，那個問題眞的有甲說乙說，雖然，他最後寫的折衷說未必眞的是對的，至少，寫出了甲說乙說，就表示他知道這裡有爭議，閱卷者還是會酌量給分。

甚至，明明沒有甲說乙說，考生亂寫，閱卷者看到，其信心會被動搖，也不敢斷然說這個問題眞的沒有甲說乙說，而且當看到那麼多張考卷上都寫了這個問題有甲說乙說，閱卷者可能眞的會懷疑，是不是自己書念的不夠多，漏掉了哪一個學者的見解，以致於沒注意還有這樣的爭議，最後只好大家都給分。這是一個大家口耳相傳的考試技巧，套用政大新聞系石世豪教授的某篇文章的標題，可稱爲「甲說乙說隨便說」。有個台大法研所的同學，就眞的在某次考試胡謅了肯定說、否定說與折衷說，結果出來翻開教科書一看，發現還眞的有那三說。至於補習班，平常也是這麼交代來補習的同學，要他們儘量列出肯定說與否定說，不過，這種技巧也有不適用的時候，例如二〇〇二年律師考試考完後，某法科補習班提供的解答中的答題技巧那一欄，竟是提醒考生，這一題不適合亂寫肯定說否定說，寫了反而不好。

美國前大學校長Donald Kennedy在他的著作《學術這一行》提到：「要讓學生能夠獨立思考，明辨是非，從而建立自己的價值體系，從旁輔導的老師必須發揮高度自制能力，不讓自己的主觀看法影響學生的選擇與判斷。事實上，教學與學術的重要目標應是讓學生能夠獨立於老師的影響之外，探求眞理。」

台灣的律師考試制度，讓同學們不得不去死記那些甲說乙說，尤其還要去猜測出題者主張哪一說，進而使得同學們不管有沒有甲說乙說都胡寫一通，試圖正中老師的下懷，這與Donald Kennedy提醒我們的教育目標，是不是差得太遠了點？！

如果讀者繼續往下看，就會看到更誇張的現象，正是完全符合Donald Kennedy所說的，老師的想法嚴重了影響了同學們的思考。

以上，是單純的學說爭議，這種學說爭議，比起下面要講的，簡單的多。以上所述的這種學說爭議，基本上是站在同一個基礎的法律運作上，在細節的地方，出現爭議。

另一種更恐怖殺人刀不見血的，是某些學者的獨門暗器。這些學者的獨門暗器，不只是單純地與傳統見解不同，而可能是根本不站在基本的法律運作架構上思考問題，它有自己的一套論證方式，甚至一整套自己發明的專業用語。例如，可能某個老師引進了德國的某個理論，然後運用這個理論處理某些法律問題時，會得到某些結果。這時，老師考的是他的獨門暗器，也就是要考生用這個理論，來論證這個問題，這與簡單的要求列舉甲說乙說的考題，截然不同。當然，可能用這個理論驗證的結果，發現答案與傳統見解不同，但是我再次強調，他不是想看你寫出甲說乙說，而是要考你寫出整套論證，他專屬的論證。這就是所謂的獨門暗器！

考生遇上獨門暗器時，典型的反應有三種。第一種，考生因為知道這個老師會出題，也知道這個老師有獨門暗器，所以特別下過苦工研究過對策，那麼題目一出出來，他馬上可以以三成的功力，從容回擊。第二種，考生大概知道這是獨門暗器，略知它的厲害，但是沒有下過苦工研究因應之道，所以只好用十成功力，努力的掰、拼命地掰，不管如何，甲說乙說先寫上去再說，運氣好說不定還可以沾到這個理論的邊邊，拿到部分分數。最慘的是第三種，考生從沒聽過江湖上出了這號人物，更沒聽過這種獨門暗器，看到題目後，發現所問理論或是所用術語根本沒看過，根本不知從何下筆，最後只能繳交白卷，慘死考場。劉幸義教授因而說：「若一題目出現大量極高、極低的二級化分數時，該題屬於命題人獨家見解的機會很大。」

例如，二〇〇一年的律師考試民事訴訟法，就考了一題「仲裁鑑定契約」，而且還問民事訴訟法哪些條文屬於「仲裁鑑定契約」，這就是最明顯的獨門暗器。這種用語我從來沒在教科書或其他文獻中看過，我把題目看了又看，思索了很久，實在想不透究竟它是指仲裁呢？還是指鑑定？更不要提到底民事訴訟法中哪些條文就是出題老師所謂的仲裁鑑定契約，我完全沒有概念。後來，做了點功課，才知道這是政大沈冠伶老師的獨門用語，她近一年發表了兩篇以「仲裁鑑定契約」爲題目的文章，我沒去找來看，所以下場也很慘。實際上「仲裁鑑定契約」，學者的通用術語，應該是指「證據契約」，不過沈老師倒是很堅持自己的用語。事後許多消息來源一致指出，這並不是沈老師自己出的題目，而是台北大學某教授出的題目，而且，念台北大學的同學說，那位老師考前在他的課堂上曾洩漏過會出該題，要同學們多加留意。

最常出現獨門暗器的科目，侷限在少數幾科法條不多的科目，因爲法條不多，解釋的空間較大，理論也推陳出新。包括刑法、憲法等，看到題目就可以猜出是哪個老師的題目，因爲考的都是獨門暗器，而非甲說乙說。當然，法條多的題目，也可能理論紛呈，例如民事訴訟法就是最好的例子，邱聯恭老師特有的學說與用語，早就成爲考生們通緝的對象，看到邱老師的題目，爲求安全，儘可能地把邱老師發明的專用術語，不管三七二十一，相關的通通寫上去就對了，這是從學長姐多年寫邱老師的題目所得到的顚仆不破的眞理。

有些教授表示，爲了避免自己學校的學生不被他校老師出的獨門暗器殺死，也會出自己的獨門暗器，因爲這樣可以使自己學校的學生「武器平等」，能在自己的題目拿高分點，平衡在別的題目下拿到的零分。如此這般惡性循環下，出獨門暗器的風氣愈來愈盛。

不管是考具有爭議性的問題，還是考老師自己的獨家理論，兩者都不應該是律師考試的題目。我要重複上段的論點，律師考試只是一個資格考，考試的目的，是在確保通過考試的人，具有足夠的專業能力，幫民眾處理法律問題。所以，考試的題目應該是與基礎的法律運作有關的問題，如果考生具備回答這些問題的能力，就已經具有替當事人服務的能力。一些細節上的甲說乙說的爭議，就如同法條一般，律師在適用法條時，自然會去查閱相關的判例學說，這些太過細節性的問題，都有書可以查閱（一般的教科書都有做學說與實務見解的整理，而大六法後面所附的實務決議也足供律師查詢，另外也有專門的爭議書讓律師參考，例如五南圖書所編輯的爭議問題系列書），考試只要足以確保考生有這種查閱能力即可，不需要他把所有的學說爭議都背下來。美國法學院的教育在大一時都會有一門課是要教法律系學生基本法律文件寫作與法律資料搜尋，在經過這樣的訓練後，法律系學生已經學會了如何在眾多的法律資料中尋找有用的資訊，所以他們的律師考試就不會考學生那麼多死背的東西，畢竟這些複雜的學說爭議、實務見解考生都有能力去搜尋，不需要全都放在律師的腦袋中隨時帶著。

美國的湯瑪斯．傑佛遜曾說過：「一個法律系學生要學的全部，就是學會怎麼去使用圖書館，和了解那些書是以什麼規則來排列的。」[1]意思就是說要法律系學生背下那麼多的法條和學說本來就是不可能的事，而且其實也沒有那個必要，他們只要知道該到哪裡可以查到這些資料就夠了。

考試考學說爭議，是想讓學生先例舉在這個問題上，出現過的甲說乙說，然後再寫自己採哪一說及理由，這似乎是要考生寫個濃縮版的學術文章，而與資格考的目的毫無關聯。至於考試題目出學者的獨門學說，更是毫無道理可言。考生不是學者，他只要知道法條的運作，而不需要把整部法律背後雜亂

【1】引自Deborah L. Rhode：《In the Interests of Justice－Reforming the Legal Profession》，p185。

紛陳的學說都記下來，這與律師考試的資格考性格更是差了十萬八千里。在出題老師愛出獨門學說的現實下，學生爲了準備考試，如果那個老師是出題老師，同學們就會多看這個老師的論著，去選修或旁聽這個老師的課，反之，就無人光顧。因而，或許會有心黑的老師，會借出題之便，向同學推銷自己的學說，使律師考試成爲另一個學術的戰場。更心黑的老師，直接就以自己是出題委員的身分，來促銷自己的教科書，本章開頭的那位大法官兼國考出題者就是一例，而他也絕不是特例。

有些老師，爲了救自己的學生於水火之中，會在上課時有意無意地透露考題。例如，據說某位名師常常在課堂上，閒聊到今天去考試院開會，碰到某某教授，同學就會心領神會，了解其中的眞意其實是：這個老師今年會出題，要特別留意他的見解。而補習班之所以常能考前猜題命中，據說也是向同學們打聽過後，得知這樣的資訊。

剛剛提到過二〇〇一年律師考試民事訴訟法出了一題「仲裁鑑定契約」，據許多來消息來源一致指出，這是台北大學某教授出的題目，而且那位教授事先還洩題。他們描述，這位教授每學期到了要洩題的時候，會先清場，要求沒有修這門課的同學離開，然後門窗關上，開始「指點」同學們今年可能會考哪些題目。

台大憲法教授林子儀表示，由於出學說爭議與獨門見解的考題太過偏離常軌而無意義，且使同學準備困難，爲了讓律師考試回歸常軌運作，目前憲法一科的出題老師們，都已經達成共識，出題目時會針對大法官解釋的相關內容來出，好讓學生有準備的依據。如此一來，學生們在準備憲法時，不用每個憲法老師的論著都去看，也不用在細節上去背甲說乙說，更不用去背老師的獨門學說，只要熟讀大法官解釋的相關討論，具備憲法一科在教學目標上所要求的基礎觀念與知識即可。從之後的律師考題來看，似乎憲法老師們還蠻遵守他們自己的約定，可以作爲其他科目出題老師的學習榜樣。

錄取門檻

律師考試往往考十科，科目遍及傳統法學的各項領域。想要及格錄取者，必須十科的平均分數超過五十，才能錄取。

律師考試的錄取人數，原本一直很低，而自民國七十八年起，錄取率開始提高，錄取人數約二百人到三百人之間，甚至有兩年律師錄取人數突然高達五百，一次是在民國八十二年，錄取五百六十三人（傳聞是因為連戰的兒子當年應考，所以考試院突然增加錄取人數），一次則是在民國八十八年，錄取五百六十四人，法界稱之爲五六四事件。平均看來，這幾年的律師考試錄取率都在百分之六左右。

考選部在招考簡章上，並沒有寫出政策目標，要百分之六的考生，而是寫十科考試科目成績平均五十分以上，都可以錄取，但是因爲題目太難的關係，每年的及格人數，約略在二百人到三百人之間，配上報考人數，所以說錄取率百分之六。

聽說二〇〇一年，因爲總統陳水扁之子陳致中應屆畢業，會參加律師考試，所以考試院就更改考試辦法，放寬錄取人數限制，規定今年的律師考試錄取人數會取全程到考人數的百分之十六。消息一傳開，令眾考生爲之雀躍，使得當年的律師考試全程到考人數，創歷史新高。不過，仔細看看報名簡章，第一款雖然寫著要收百分之十六，但第二款接著寫，如果專業科目平均成績未達五十分，也不錄取，一、二款加起來的結果，可預測錄取率應該不會變動。加上，陳致中後來爲了避嫌，也沒來考試，讓想搭陳致中便車的考生們，頓時希望破滅，事實證明，那年的律師考試只錄取了三百人。

考試科目而言，考十科對學生的準備造成很大的負擔。學生可能因爲對其中的幾科特別弱，就算其他科目很強，也會因爲弱的科目拉低平均分數，而無法及格。例如有些同學將來只打算從是民事糾紛的服務，對於理論超級複雜的刑法，完全興趣缺缺，但是在目前的制度下，他卻不得不念刑法和刑事訴訟法。很明顯的，念這些東西對他來說根本沒用，他將來也不會用到，就算眞的遇到當事人需要刑事的法律服務，他也可以請事務所上專攻刑事訴訟的律師處理就好。反之，有的人可能對刑法有興趣，而對民法多如牛毛的條文應付不來，但是現行考試制度也要求他要念這些法條，浪費他的青春與生命，而他將來也用不到這些知識。

從目前各個行業分工愈來愈細的趨勢來看，律師考試一次考十科的規定，想要讓考生成爲通才，有點跟不上時代。通才另一面的說法，就是庸才。因爲要準備十科，學生不能把所有的時間都放在自己將來想專攻的領域上面，及格者雖然每科都懂，但都不夠專業。如果眞的要考十科，題目設計上應該就要考慮到有些考生將來的出路規劃，而不應該每科都考這麼難，盡考那些無聊的甲說乙說。

二〇〇一年的會計師高考，首度提出改革，將來考試不必一次全部及格才予以錄取，及格的科目成績可以保留三年，下次只要考未及格的科目就好。這種方式是個不錯的選擇，值得參考。但是，會計系的同學反應，因爲現在採取分科計算，每一科都要考六十分才算及格，以前是平均五十分就好，加上每一科都可能出的更難，對學生而言，未必合算。

醫師的考試方式可作爲另一個參考，也是目前多數主張改革者認爲較合理的方式。如果說律師錄取率低是因爲律師對人民生命財產影響重大，所以要對之嚴格要求，那麼直接握有人生死的醫師，應該要更加限制才對。可是國內醫師的基本資格考試，目前的錄取率都高達八成，不過，醫師們通過了基本資格考後，將來還要考專業的分科考試，以因應目前醫療極度專業分科的需求。對律師來說，其實也該如此，律師行業也有很高的分科需求，例如律師可以其專業細分爲勞工法律師、著作權法律師、不動產專業律師、醫事法律師、金融法律師、海事法律師、商標專利法律師……等等。一個號稱什麼都會的醫師，讓人害怕，一個什麼業務都接的律師，也讓人懷疑。但是，目前的律師考試卻沒有基於市場的這種需求來做規劃，盡考些傳統法律科目，而且考的都很深，好像要每個通過考試的律師都去承接傳統民刑案件一樣。

以英國和香港的律師分類爲例，他們將律師分爲非訟律師（Solicitor）和出庭律師（Barrister），前者是處理非訟事件的律師，後者則是專門出庭的訴訟律師，這可能是目前世界少數對律師職業有分類的制度。至於其他對律師考試沒有分類的國家（包括我國），在實際運作上，還是會自動去分工。例如在美國，有一些律師專門負責訴訟案件，他們稱爲訴訟律師（trial lawyer），如果不是專門的訴訟律師，可能一輩子都不會有訴訟的經驗。

關於律師考試分科的設計，我在下一章中會更具體、更霹靂的改革方案。

改革聲浪與反挫

對於以上所有律師考試的不良設計，導致前幾章所述的許多不良後果，有些老師提出美國的經驗，裨供參考。

美國的律師考試，是由各州的律師公會來主辦，而不是由國家壟斷。考試錄取率極高，平均超過百分之七十（德國也是一樣），有些州甚至超過百分之九十，所以律師考試對他們的法學院學生來說，根本不是什麼困難的事，只要畢業那年認眞讀兩個月的書，幾乎都可以考上。留美的老師回憶，考不上的學生，通常是那種很混很混、混到不行的學生，才會考不上，不然幾乎都可以考上。他們律師如此高的錄取率，是否造成律師品質低落呢？研究結果顯示，錄取率較高的州比錄取率低的州，律師品質並沒有比較差，另一個研究結果則顯示，考試分數與律師執業能力沒有顯著正相關。美國高額的錄取率不但沒有這樣的問題，而且他們的法律事業蓬勃發展，許多法學院的教授與法官（法官在美國是民選的而非用考的），都是優秀的律師出身。這或許是因爲他們的考題在設計上，已經確保考生們有足夠的基礎法律知識，至於律師實際上辦案所需的大量法律資訊，不需要在考試時考，不需要也沒有意義，受過法學院訓練的學生，自然具備搜尋這些資訊的能力，無待律師公會替其操心。

這麼高的錄取率，代表律師就業市場的進入障礙極低，使律師市場的競爭非常激烈。因而，同樣是通過考試律師，誰能提供最好的服務，誰就能爭取到最多的客戶，而不良的律師，也可以透過市場機制，漸漸淘汰，轉往別行發展。不過，正由於是市場太過飽和，律師搶生意激烈，往往可以看到如約翰屈伏塔主演的電影《法網邊緣》中的情節，在救護車把車禍的傷患送到急診室門口時，律師們就搶著遞給傷患家屬名片，爲了賺錢毫無人性。因而，美國民眾對律師們的印象普遍不佳，有許多調侃律師的笑話，就是在諷刺律師的諸種行徑。

雖然有人偶會談及美國的制度，認爲改革可以朝此方向進行，不過有許多人認爲，律師是個神聖的行業，不該像美國這般勢利。後者以古板的老法律學者爲大宗。

據說，王作榮接任考選部長時，曾經想要將律師錄取門檻放寬，將原本平均六十分的要求，降低爲五十五分，且預計錄取報考人數的百分之十六。但是閱卷老師們卻不同意這樣的改革，而出現反制行動，自動在閱卷時降低給分，結果錄取人數並沒有顯著的增加。後來，考選部再把及格分數降到五十分後，閱卷老師們還是團結反制，提高題目的難度，或者提高改題的標準，使考生的分數降低。有人認為閱卷老師這樣的反制，是出於自己的學術門派之爭，不過出題老師們聲稱，他們是在替台灣堅守嚴格的關卡，為了保持律師的品質，所以要用超低的錄取率，以免律師執業時損害民眾的生命財產。除此之外，律師界也產生反彈。不管如何，最後考選部與各界會商所得到的共識，就是每年律師考試的錄取率維持在百分之五到百分之七之間，不再繼續放寬。

二〇〇一年三月十四日，理律事務所陳長文律師，在聯合報的民意論壇版，以題為〈超低的律師錄取率邁向法治社會的桎梏〉，發表他對律師考試制度的看法。在該文中，他先澄清開放律師錄取人數不會有所謂的律師服務品質下降的情形，反而因為能夠透過市場自由競爭，促使律師們更加地主動進修，而能提升律師服務品質。另外，他提出了個以往討論這個議題時沒有人提過的觀點：台灣即將加入WTO，將來律師市場將會對外開放，屆時外國的律師將會大舉入侵，我們如此低的律師錄取率，只是便宜了外國人。綜之，陳長文律師認為律師考試如此低的錄取率，對台灣的整體法治，沒有正面的功能，反而是法治發展的桎梏。

該文一出，馬上得到高度重視。這可能因爲是陳長文律師的名氣使然，不過更重要的原因可能是，他提出了台灣加入WTO之後的律師市場開放競爭的觀點，的確很有道理。

之後，正反陣營雙方開始各陳己見。律師公會的立場堅定（甚至還前往考試院抗議），認爲不應該提高錄取人數，否則律師品質將會下降，人民權益不保。不過一般推測，因爲提高錄取人數會影響到整個市場的競爭，所以律師公會才會如此堅持。政府官員們，包括法務部、司法院、考試院，似乎都願意提高錄取人數。學者中的立場不太一致，多數學者認爲考試已經嚴重影響到本身的教學而支援改革，不過部分留日的學者，因爲日本也是採取同樣高門檻的制度（甚至比台灣還低），所以支持原來的制度設計，強調律師的角色特殊，爲了國民著想，國家需要嚴格把關。

例如對司法改革頗具影響力的台大邱聯恭教授，就提出如上主張，甚至強調律師如果有執業疏失，損及人民權益，人民可以對律師興訟。不過，以目前律師人數嚴格限制的條件下，似乎沒有多餘的律師會願意打這種官司，應該放寬律師錄取門檻，才能達到邱教授所期許的律師彼此監督的景象。而以目前看來，律師們似乎是緊密地聯成一體，共同地為自己的既得利益而奮戰。

我在下一章會提出更具體但也更激烈的改革方案，讓讀者能更深入了解法律服務業的市場供需問題。

Chapter 5

律師太多？費用過高？——法律服務供需失衡

我們最大的困難，不在於律師太多，而在於給法律人太多控制法律政策的權力。

關鍵不在於「有多少？」，而在於「有多好？」法律業是否有效地滿足國家的法律需求？有無其他選擇？某些法律問題是否可以交由非律師的專家、以較便宜的費用去處理？這種新的競爭，是否能提供消費者更好的選擇？

Deborah L. Rhode:《In the Interests of Justice－Reforming the Legal Profession》

律師收費過高

二〇〇二年左右，有一個有趣的新聞上了電視。有一個輔大法律系的畢業生，既沒有考上律師，也沒有考上法官，在法院似乎有一份薪水不高的工作，可能是書記官或是訴訟輔導員。這個法律系畢業生，居然在白天下班後，到萬華夜市，擺起攤販來，而他賣的東西，就是「法律服務」。他的收費很隨興，新聞記者訪問他，他說，隨意就好，有錢的話就給五百元。

我想，他的生意應該不錯，所以才會引來新聞記者採訪。

律師公會主張不應該提高律師考試錄取人數時，宣稱現在的律師人數已達市場飽和，所以不應該再增加律師錄取人數。如果律師市場眞的已經飽和，爲什麼還會有人可以出來擺夜市提供法律服務，而且還有人願意上門？市場既然已經飽和，現有的律師應該就能對所有的台灣人民所發生的所有的法律糾紛提供足夠的服務，可是，爲何他們還要到夜市找沒考上律師的人呢？

主要的原因大家都知道，因爲現行的律師公定價格太高昂，許多有需要法律服務的人民，負擔不起這樣高昂的費用。付不出律師服務費用的人，並不全是窮人，他們大多是因爲自己的糾紛所牽涉的金額不高，比起律師一小時三千元的談話費，請律師太不划算，所以不請律師。可想而知，一次收費五百元的法律服務，才比較符合他們自己的預算，所以這位法律系的畢業生的生意才做得起來。

從這則新聞很清楚地看到，其實律師市場根本還沒有飽和，其競爭根本不夠激烈，如果夠激烈的話，應該律師們會彼此削價競爭，而根本不該出現所謂的公定價一小時三千元的行情。

爲何律師一小時的談話費可以收到三千元，難道他處理的問題眞的有這麼難，他所知道的東西，是什麼稀世珍寶嗎？其實，有許多法律糾紛並不難處理，例如專門處理婚姻糾紛的律師，他只要熟悉民法中親屬和繼承的那些條文，和一些基本的民法、民事訴訟法、稅法的知識，加上一些實務經驗，他其實就已經有足夠的能力面對婚姻糾紛領域裡的相關法律問題，而能提供民眾良好的相關法律服務。他完全不需要去背那麼多甲說乙說，他只要知道法院採哪一說、怎麼做就好，他也不需要去背誦艱澀的刑法理論，和其他法律科目中背不完的理論、學說、爭議，這些對他提供婚姻糾紛的相關法律服務上，根本毫無用處。

可是，如果一個人只具備了上述這些知識，而不肯去背艱澀的刑法理論，他是絕對沒有辦法通過台灣的律師考試，而無法名正言順的以提供婚姻糾紛的法律服務來收費。許多應該能提供法律服務的人，因爲受到台灣的律師考試的不當限制，最後不得不投注自己更多的生命、時間、青春於那些將來他用不到的知識的背誦上。

台灣的律師考試，要求應試者一定要從大學畢業，要他繳一年五萬元（公立大學）、共四年的學費，修夠了律師考試所指定必修的學分後，才符合應考的條件參加考試，而且他也未必能一考就上，可能要考很多年才會上，算起來，爲了考上這個律師執照，他必須要投入了可觀的時間成本、費用成本，才能拿到這張律師執照。

可想而知，他投入的這些成本，將來都會反映到他的律師談話費上。許多人覺得，律師只不過坐在那邊聽當事人講述事情的來龍去脈，然後翻翻法條告訴當事人這件事要怎麼處理，講不了幾句話，卻居然要收當事人一小時三千元的談話費用，收費有點過高。但是律師對這點質疑的辯解卻更有說服力，他們會說，他們所提供的法律服務並不是只有你在這一小時內所看到的翻翻法典、講幾句話而已，而是花了近十年的心血苦讀苦背，才能夠坐在那裡跟你收這麼多的錢。

所以律師收費高昂，其實並不是他主動決定的，他也是逼不得已，他總要將他之前所投入的時間、費用成本算進來跟你收費，最後才會訂出這樣的收價。那麼，如果人民覺得律師的收費高，要怪，可能不該怪律師，而該怪考試院。因爲，要不是考試院對那些想以提供法律服務維生的人，設定了那麼高的考試門檻，這些人做生意的成本（市場進入成本）就不會那麼大，所訂的收費應該也不會那麼高。

一個想以提供婚姻糾紛法律服務維生的人，他原本可能只要在法律補習班補習個半年，繳了兩萬元學費，他就能學得上述的知識，具備充足的能力以向當事人提供法律服務。甚至，他可能根本不用去補習班，他只要在專門處理婚姻糾紛的律師事務所工作個半年，邊工作邊自習，有問題時請教主管或有經驗的同事，就能熟知的法律規定，而且還有薪水拿。試想，如果我們在律師執照中獨立出一種，就叫做「婚姻糾紛律師」，考試科目就只考民法親屬篇、繼承篇、民法概要、民事訴訟法概要、稅法概要，那麼，想要取得這張執照的人，一定不需要投入太多的時間成本與費用成本，他就能夠考取執照開始提供相關法律服務，這樣，他自己所設定的收費價格，在加入自己先前所投入的成本後，一定不會是一小時三千元。而且，如果加上市場自由競爭，我想，一個小時一百元的收費都有可能。

有許多人認爲，開放律師錄取人數，透過市場自由競爭，最後競爭結果，收費價格未必會降低，並舉美國爲例，告訴我們：雖然他們的律師錄取率高達百分之八十，律師的收費並沒有比台灣的律師少多少。

從美國律師業的經驗來看，這樣的說法看似正確。但是，美國律師收價無法降低的原因，其實並非律師市場不夠競爭，而是因爲他們法學院的學費收費太高，念法學院的學生當初投入了數十萬美金的學費與三年的生命，將來當律師後當然想要把這些錢賺回來，所以會反映到他們的收費上。也就是說，他們當律師的市場進入成本太高，所以會將成本反映在他們的收費上。

前美國法學院協會主席Deborah L. Rhode就曾清楚地指出，美國法學院學費過高的這個問題，是影響後來學生畢業後當律師收費如此高昂的原因之一。因爲美國的法學院必須要是大學畢業生才能去讀，他們既付出了四年的大學學費和時間成本，又付出了三年的法學院學費和時間成本，總投入成本實在太高，所以在考取律師後的收費才無法降低。

考取律師的人什麼都會嗎？

某位法研所的教授在上課的時候，告訴我們：「花旗銀行與××的合併案，沒有一張紙是台灣的律師事務所寫的，每一份文件都是在紐約的事務所完成。」那位教授說這個故事，是想告訴我們，企業併購的案子牽涉到太多法律與非法律的知識，台灣的律師界似乎目前仍沒有人能夠在這方面提供完整的服務。

另外，據說目前新竹科學園區內只有一家專利事務所，向園區的大客戶提供專利申請服務。而這個狀況聽說並非一直如此，據說幾個大律師事務所都想打進這個市場，來瓜分這塊大餅，但是後來發現自己專業能力不足，最後鎩羽而歸，所以目前只剩下一家。如果依照律師公會的說法，市場已經飽和，但怎麼還會出現獨占的情形呢？原因很簡單，因爲大部分的律師都是純粹法律背景出身，不具備理工相關背景，根本看不懂專利申請書上寫的東西，所以當然沒辦法提供這樣的服務。不過，其實園區的大廠商若眞要申請專利，他們大多還是委託外國的事務所，一方面他們的英文能力強，另一方面他們的事務所中多的是具備理工背景的律師。

這兩個例子顯示出，考上律師的人，其實還是有很多東西不會的，他比起沒考上的人來說，只是比較清楚傳統法學領域內的學說爭議，但是對於實務運作、專業背景知識，和傳統法學領域外的新興法律領域，他可能還是一張白紙。相反地，一個沒考上律師執照的人，他已經在銀行界工作了很久，他對於金融相關法令，甚至主管機關的行政令函，一定會比一個初出茅廬的律師來得熟悉，也可能會比大部分執業多年的律師來的熟悉，因爲並不是每個律師每天都在處理金融業的法律糾紛。

由此可見，我國的律師考試，根本不能確保通過考試的考生，就具備執業的能力，他們若想要順利的執業，還是必須有執業經驗，自己在執業過程中邊做邊學，不斷地進修。在他們做中學、自我進修的過程中，他們所需要的，不是一堆學說爭議，而是他們對法律術語的熟悉，和他們搜尋法律資料的能力。但是，目前一般觀念認爲，考上律師執照的人什麼都會，沒考上的則什麼都不會，我們的證照制度，既不讓那些專精於某些特定領域的人出來提供法律服務，反而讓考上律師的人什麼服務都提供（如果他想的話），這樣難道就眞的是要保護人民免於受到能力不足的律師殘害嗎？！

許多人認爲，目前通過律師考試的人，還是什麼都不會，所以阻止繼續放寬錄取門檻。但是，嚴格限制錄取人數，就能確保考上的律師就什麼都會了嗎？事實上還是不可能。如此，考試既不能達到確保律師具有專業能力的目的，我們又何必死咬著考試不放呢？

眞正要律師懂得實際的相關實務法律知識、訴訟技巧、溝通談判能力，不是用事前的考試制度、或者大學法律教育可以達到的，毋寧只能等到律師眞正進入那個行業，熟悉其專門負責的法律業務，跟著事務所或公司裡面的老律師邊做邊學，自然就可以學到許多訴訟技巧和相關知識，並輔以在職的強制進修，才有可能有所成效。

方案一：改變出題內容與方式

想要改革考試制度，最簡單的一個方法，就是學美國，將律師考時的題目出得簡單一點，甚至只出選擇題或是非題，然後只考基本的法律用語或法律概念即可。這樣的想法是出於一個理念，那就是法律人比一般人民多知道的，其實只是他們比較熟悉法律用語和訴訟程序，他們有能力自行搜尋法律資料、看懂法律資料，而一般人卻會有進入障礙。

就拿上面所舉在金融業服務多年的某位員工和一個專門處理金融業務糾紛的律師來說，就實體法的部分，這位員工懂的部分，應該不會比這個律師少，甚至大多數時候都比這個律師還要清楚相關的法令規定。可是，他還是有不如律師的地方，那就是在訴訟有關的程序規定方面，他可能就是個門外漢。

一個律師比一般人懂的，最主要的就是與訴訟有關的程序。除此之外，一般人在自身所處的行業待久了，自然會熟悉相關的遊戲規則，只是若要他找出法條，或要他用法律的語法說出來，他可能就會比不上律師。這個時候，律師比人民厲害的地方，就是他能夠看懂拗口的法律條文，或找到有關的法律規定，而一般人民不行，這也正是人民需要他、他能向人民收費之所在。

國家考試只要能確保律師能夠知道一般的訴訟程序和法律用語，那麼律師自然能夠針對在自己所提供的服務上，有需要用到的相關法條或學說，去深入研讀，而不需要事前就要他們把這些法條和學說背起來。那麼，出個選擇題，考應試者對法律基本概念的認識、考他們對法律程序的了解，試探他們是否有能力找尋法律資料，這有何不可？而眞正的知識，是法律考試無法確保的，必須要他們自己實際投入相關法律服務業後，邊做邊學。可以透過律師強制職前訓練、或是在職強制進修，讓律師熟悉其服務所需要的法律和技巧。我們的考試考再多的學說爭議、再難的甲說乙說，都不能夠確保律師一定能提供好的服務，更不可能確保他能知道全國每一個法規。

方案二：律師考試切割

除了將考試的內容改爲簡單一點，有人則是建議應該將律師這一個單一的行業再做區分，把一些我們稱之爲「法務」的工作（也就是較爲常見的簡單法律服務），也獨立出來設立考試執照。這樣法律業務分科較細，考試科目也較少，那麼學生投入的成本較低，將來的收費也會更低，而且如果分科較細的話，許多不具有律師資格的法務人員，也可以考取執照，獨立提供專門領域的法律業務，那麼現有律師市場的競爭一定會更爲激烈，收費自然而然可以降低。美國就有很多律師事務所的名稱爲「法律診所」，專門提供一些簡單常見的法律服務，這種常見的法律服務也可以稱爲「標準化的法律服務」，或是「經常性的法律服務」，例如簡單的離婚案件、破產案件、更名案件、土地登記案件、遺囑案件等。除了將這種經常性的法律服務獨立出執照外，也可以將較爲複雜的律師業務獨立爲數個執照，例如「民事法律師執照」、「刑事法律師執照」等，這樣可以達到一樣的效果，那就是學生的投入成本降低，專業能力增加。

美國法學院協會主席Deborah L. Rhode說：「消費者更需要的，是一個好的制度，其可以增加多一點選擇，減低阻礙自助行爲，允許更多夠格的非律師服務，和提供有效率的管制措施。」

同樣地，美國Rutgers法學院院長Roger Abrams也說：「對美國來說，最大的問題不是有太多的律師，而是有太多的律師都欲向客戶提供相同的服務。」[1]

所以，想要降低律師的收費標準，當然最重要的，除了改掉目前不合理的考試制度，讓那些有能力提供法律服務的人考取律師執照外，更進一步的方式，是將律師行業的執照再進行切割，例如切割成「民事案件律師」、「刑事案件律師」，或是專門處理「海商糾紛」的律師，或是專門處理「土地產權糾紛」的律師。這樣，一個人雖然刑法念不通，但是他只要熟悉民事法律，他就能考取律師資格，因而提供既專業又便宜的法律服務。考生不需要浪費時間精力金錢在將來根本用不上的知識，他們只要研讀自己那張執照所需要的科目，且對該專門領域的法律知識必能更爲專精。

這裡必須澄清一點，雖然目前的律師因爲強調其特殊性，都會將自己限定於專門處理哪一類訴訟，例如有些律師事務所就將自己定位爲專門處理科技法律糾紛，有些事務所會將自己定位爲專門處理國際經貿法律糾紛，但是，那並非這裡所謂的，在考試制度上直接予以切割。因爲，律師事務所自我定位的前提，必須事先通過嚴格的律師考試，才能再進一步做市場區隔時的自我定位。而且事實上，這些將自己定位爲專打特訴訟類型或處理專門領域法律糾紛的律師們，在通過律師考試的時候，其實也都不具備那些知識，比起在那個行業工作過數年卻沒考上律師執照的法務人員，還不適任，這點在本章後半部會另外說明。

【1】引自Deborah L. Rhode：《In the Interests of Justice－Reforming the Legal Profession》，p119-120。

或許有人會質疑這樣的方案的可行性，尤其一定會有人質疑，不能考取律師執照的人，能力一定很差，怎麼還能夠允許在專門領域內提供法律服務呢？對此，Rhode在她的書上寫到：「一如許多學者所指出的，許多不具有律師資格的法律專門人才，在提供法律服務與處理常見法律糾紛上，他們通常跟律師做的一樣好，甚至比律師做的還要好。這些法律專門人才來源很多。例如會計師和不動產經濟人，這兩種已經有執照限制。他們的工作通常包括協助處理法律爭議，但是提供這樣的法律服務在技術上卻一定會受到律師法的限制。其他不具有律師資格的法律服務提供者，可能是獨立的法務人員，或是熟悉某些領域（例如兩願離婚、行政機關代表）的前法務主管。比較研究發現，這些不具有律師資格的法律專門人才，表現的與律師一樣好。某個對客戶滿意度的調查顯示，對非律師的滿意度，高於對律師的滿意度。正如某位法官指出：『經過專門領域訓練的法務人員，比起那些欠缺專業背景的律師，會是令人耳目一新的改革。』一個最近才從法學院畢業的學生也提出相同的觀點，他說：他的工作比起法務人員的工作，其不同之處在於，他『一小時收將近法務人員兩倍的費用，但是（只有）法務人員知道自己在做什麼。』」[2]

Rhode這段話的意思很清楚，她認爲，那些沒辦法考取律師資格的人，雖然他們不能普遍地熟悉六法中的每一法，但這並不代表他們的能力不足，事實上他們在限定的專門領域內，所提供的法律服務，反而比那些考取律師資格的人來的好。

方案三：乾脆法律系畢業就當然成爲律師

上面講了兩個改革的建議，其實還有一個更勁爆的，可能看了眞的會要考試院吐血。這個改革方案很簡單，那就是凡是從法律系畢業的，就當然成爲律師，不需要再考試，而沒念過法律系的，則要參加一個簡單的測試，以確保他能理解基本的法律用語、程序規定、會搜尋法律資料。

這個想法也很簡單，跟第一個方案的出發點是一樣的，基本上，念過大學四年、修了一百多個法律學分，浸淫在法律世界中那麼久，對於基本的程序規

【2】 Deborah L. Rhode：《In the Interests of Justice – Reforming the Legal Profession》，p136。

定、法律用語、搜尋法律資料，沒道理不懂，如果他們能夠順利畢業，我們根本無須浪費紙資源、浪費考生的時間去舉辦無聊的考試。但是那些不是念法律系的人（可能是在事務所工作見習），可能就得有一個基本的測試確保他們能懂某些法律知識。

當然，跟第一個方案一樣，法律系的畢業生，在實際工作上所需要的相關技巧與知識，必須透過工作經驗、職前訓練、在職訓練、自我進修，才能勝任工作。

這個方案可不可行呢？這樣說吧，全世界最自由（且務實）的國家荷蘭，就是實行這種制度，美國也有四個州是如此。以荷蘭而言，他們知道律師考試根本無法確保學生能真正具備實際的執業能力，而真正能夠讓他們學會那些能力的地方，是在事務所，在實際的工作上，所以他們不要求考試，但要求三年的實習，才可以開始獨立執業。

當然，其實目前的法學教育，是否當然能夠確保法律系畢業生具備搜尋法律資料的能力，是大有問題的。有一位跟我同屆剛考上台大法研所民商法組的學生，也順利地高分通過律師考試，但是，他居然連如何找判決全文都不會。

這個當然得歸諸於我們法學教育課程的設計，深受考試影響遺毒所害。美國的法學院，第一年的必修課，絕對會有一門是教同學如何搜尋法律資料，這才是一個當律師的人最需要的技巧。

不過，如果將律師考試廢除，法學教育的課程安排不再被考試牽著鼻子走，那麼法律教育的課程內容就能夠大幅調整，以達到讓受業的學生個個都具備基本的法律知識和搜尋法律資料的能力。那麼第三個方案就是可行的了。

當然，這樣的改革建議是太過激進了，可能一時讓人無法接受，不過，待我以下說明文憑制度與證照制度的功能，再回來想想這個方案的可行性，可能就不會那麼排斥了。

文憑與國家證照制度

此段，我想略以市場的觀點，來看待文憑與國家證照制度的問題。

爲何要有文憑和國家證照？兩者的目的都一樣，就是想要替人民降低交易時的資訊蒐集成本。若是天天在做的常見交易，每個人因爲天天都從事交易，故自然對所交易的對象較能夠了解，自己就有足夠的能力得到相關交易資訊，而不會被別人騙，這時，國家不需要介入管制。例如，做餐飲業的，就不需要有文憑管制或證照管制，顧客只要去吃過一次，或是參考「口碑」，就能得到足夠的交易資訊。

然而，法律服務的特性之一，往往是「一次性消費」，亦即，在你未發生法律糾紛以前，你可能都沒用過律師，故不知哪個律師具有足夠的能力，甚至不知道到哪裡去找律師。而你也不能試用看看，因爲你就只有這一次要用到律師，而且用了一次就不能改變，用錯了後果是無法逆轉的。人民對這種一次性消費缺少相關資訊，也不太可能花費高額的搜尋成本在短時間內挑選夠格的律師，因此，國家就會透過管制手段，例如設計文憑管制、或是證照管制，以確保律師有足夠的能力，這樣就不會害到無知的消費者了。

基本上，文憑制度和國家證照制度的功能是一樣的，如今，我們文憑制度和證照制度兩個都要，會不會出什麼問題呢？

有人會說，大學法律系文憑所能確認的能力，還是不夠，所以還是必須由證照制度做二度把關，可是，如果一個大學文憑所能確認的實力，居然是國考的百分之六，也就是說一百個大學畢業生，只有六個可以通過考試拿到證照，那麼眞令人懷疑這樣的文憑到底確保了什麼？還是什麼都沒有。以目前的社會價值觀來看，大學法律系文憑眞的什麼都不是，沒考上律師的人，他就是沒價值的（這在第九章會詳細討論）。這麼說，我們何不光明正大的廢掉大學法律系的文憑制度，而開放自由的教育市場運作呢？

試想，爲什麼那麼多同學繳了大學的學費，卻不去上課，而又寧願再繳一次學費，到補習班上課呢？如果今天不需要大學畢業就可以參加國家考試，還有多少同學願意繳大學學費呢？如果補習教育機構也可以頒發國家認可的文憑的話，那麼大學跟補習班誰會人比較多呢？

大學教授花一整年還不能把考試所需知識清楚地教給學生，而補習班的名嘴卻能在二個月就完成這件事的話，不用懷疑，同學們是會選擇補習班的。另外，公立大學一學期學費二萬多，私立大學一學期學費五萬，然後念四年，比起補習班只要繳三萬五，念一年，不用懷疑，同學們還是會選擇補習班的。

原因何在？因爲國家考試在法律界，已經取代了文憑的功能。原本文憑所想達到的目的，就是在減低交易資訊成本，讓外人知道你有這張文憑，代表你有這個能力。國家證照制度也有著一模一樣的功能。而如果他們兩個證明的領域是如此接近的話，那麼國家證照制度就可以取代文憑。

如果社會要看的只是證照，那麼在教育市場中，哪一個教育提供者能夠用最低的價格，提供最好的產品，那麼需求者自然會選擇跟他交易。因而，補習班的興起，同學們的補習熱，是市場自然運作下的結果，不應該怪他們。要怪的，應該是證照制度，要怪國家考試的出題者。法律教授們不應該抱怨同學不來上課，然後擔心他們的素質不夠，要怪應該怪教授們自己出的題目，造成了這一切的一切。

所以，如果已經有證照制度作爲替人民節省交易資訊的功能，那麼我們其實就不需要有文憑制度，只要能考過考試，管他有沒有念過大學，就算他只去補習班補過習，那又何妨？

但是換個角度想，如果我們硬要維持文憑制度，且認爲大學的文憑發放，就已經能夠確保所教出來的學生，具有一定的實力，那麼我們何必還要有國家考試？當然，大學教的東西未必與考試考的東西一樣，但是在法律系，我們看到必修課的安排的確是與考試制度脫不了關係，那麼，這兩者似乎在功能上就重疊了。不過事實上，目前兩者的功能並沒有重疊，一個有大學法律文憑的人，只能證明他了解法律的基本運作，懂得去搜尋法律相關資料，但不能確保他能背起所有（考試科目）的法條以及說不完的學說，而後兩者卻是考試制度要去確保的。這又回到原來的爭點：消費者何必需要以證照來證明他們的律師能背起所有（考試科目）的法條和學說？消費者只希望他們的律師找得到法條、學說，就可以了，不是嗎？而且，證照也無法確保通過考試的人知道所有（考試科目以外）的法條。

證照制度管制的目的，就是在替消費者減低其搜尋成本，而消費者想知道的，不是誰能背最多的法條，畢竟一定沒有人可以背完，他想知道的是，如果一本六法全書在手，誰能正確地找到法條？既然證照制度是國家的一種管制手段，管制到人民的工作權，那麼其管制的內容，就當然要與管制的目的相當。要考生去背法條、背學說爭議，與能不能篩選出一個稱職的律師，根本沒有關聯，這個管制手段大有問題。

律師廣告

我國目前法令禁止律師做廣告，其目的可能是擔心消費者受到不肖律師的欺騙，或者破壞律師良好的形象，傷害律師的神聖尊嚴。

廣告的好處在於，他可以減低消費者的資訊搜尋成本，讓消費者多了解法律服務的相關資訊，如此一來，他較能挑選到適合自己的律師，而不會在突然遇到法律糾紛時，因爲沒有廣告、不熟悉律師的收費方式或能力，反而受到律師的欺騙。廣告的另一個好處，是可以增加市場競爭，降低律師的收費。

廣告的壞處可能是會增加廣告成本，造成另一種市場障礙，阻礙到無財力援助的新進律師進入市場。不過，美國的實證研究指出，有做廣告的律師比起沒做廣告的律師，收費並沒有提高。另外，廣告可能會侵犯到個人的隱私（例如寄廣告信到受害的當事人家中），不過美國實證研究也顯示，反對郵寄廣告的，大部分是律師，消費者倒是沒發出什麼抱怨的聲音。當然，廣告可能會傷害到當事人的情感（例如在追著救護車跑的律師），或者最嚴重的，可能會讓消費者受騙上當。

對於消費者詐欺的問題，其餘的服務廣告（例如瘦身美容廣告）也可能會讓消費者上當受騙，爲何律師就得受到較多的限制？一個騙人的瘦身美容廣告，可能會害死上當的消費者，一個騙人的律師廣告，可能不過只是騙了消費者的五萬元，孰輕孰重？

張長樹律師在他的〈簡介美國律師廣告之法制及其經濟分析〉[3]一文中說到：「縱使消費者詐欺及服務品質降低，的確是一個問題，解決的方法應該也不是禁止律師廣告，其他產業也沒有因爲消費者詐欺的問題而禁止廣告。因爲禁止廣告的效果，並不只是消除了原先就微乎其微的消費者詐欺，它還使得市場訊息流通成本增加，同時也不可能消除原本就存在的無效率供給者。相反地，可能因爲資訊的缺乏，消費者不知道別的選擇，使得無效率廠商可以繼續維持營運。」

大部分人律師認爲，禁止廣告是律師用來維持其尊嚴之用，強調其法律服務的神聖性，不可與一般商品等同視之。不過，說得這麼好聽，其實禁止廣

【3】張長樹，簡介美國律師廣告之法制及其經濟分析（上、中、下），律師通訊，第一六二、一六三、一六四期。

告，最直接的效果，就是限制競爭，維持價格，避免讓消費者得到太多的資訊。

法律服務可以區分爲兩種，一種是個人化的服務，一種則是標準化的服務。所謂標準化的服務，就是所提供的服務內容是很制式的，例如單純處理常見的婚姻糾紛，或是土地糾紛等等，也就是我在上面提到，可以將律師考試再度切割的常見性法律服務。廣告的效果，對個人化的法律服務影響不大，但是對於標準化的法律服務，透過廣告，一般人民可以多了解法律服務的內容、所收取的價格，增加其比價、議價能力，進而增加市場競爭。美國證實研究就很清楚的顯示，准許律師廣告的州，在標準化法律服務的部分，比起不准律師廣告的州，收費要來得低。

事實上，目前在網路上，律師們都以各種方式間接的在打廣告，這其實就是一種變相的廣告方式。消費者們看到網路上的網站介紹，初步地了解各種律師的專長，然後透過網站來選擇適合的律師，不但可以讓消費者自己找到適合的律師，也因而擁有較多的議價能力，進而壓低價格。這樣也可以讓需求標準化法律服務的消費者，可以找到便宜又有效率的律師。

律師自律

目前國家證照制度所保留的功能，不能達到替人民篩選好律師的功能，而剩下的唯一功能，可能是可以作爲進入市場的障礙，讓原本就在市場的供給者，能夠免於競爭，保有他的既得利益。

在美國，各州的律師考試都是要求各州的律師公會主辦，而錄取率也是交由各州自行決定。很有趣的是，律師競爭愈激烈的州，錄取率也就愈低，而競爭較不激烈的州，錄取率則較高。這個現象讓人輕易地看出來，律師公會是會利用錄取人數，來保有自己的競爭地位的。問題是，證照管制的目的又不是爲了保護現職律師，而是爲了消費者，律師怎麼可以用考試錄取率的方式，來減少競爭呢？美國也早有研究指出，律師錄取率與其律師平均收入呈負相關，表示愈低的律師錄取率，律師的平均收入就愈高。

在我國，每當有人主張放寬律師錄取人數，律師公會就會前去抗議，主張律師服務市場已經飽和，不應該再放寬錄取人數。念過經濟學的人都知道，如果市場是處於完全競爭狀態，則廠商的定價，應該會等於其邊際成本，而不去管其先前投入的成本（固定成本）。但是，我國的律師市場，居然可以訂出一小時三千元的行情價，這怎麼可能是正常人的邊際成本。如果市場上有人可以以時薪一百元出賣其勞力，那麼律師的邊際成本應該也不會高於一百元多少，三千元是哪門子的完全競爭價格？！上面說過，律師之所以定價定得那麼高，這跟其之前還沒考上律師前所投入的成本有關，之前念法律系繳的學費、所付出的時間，和準備考試所投入的時間和補習費等等，都算是律師職業前的投入成本，亦即固定成本。這些固定成本受到嚴格的律師考試影響，所以很高，律師為了回收之前所投入的固定成本，所以定價定得較邊際成本還高，等於平均成本。但是，在完全競爭市場中，廠商是沒有餘力去回收其所投入的固定成本的，他們只能回收邊際成本。不過，一小時三千元既不是律師的邊際成本，也不是其平均成本，這只能說明，律師市場是多麼的不競爭。總之，用簡單的經濟學，就可以戳破律師公會的說辭，這只能說他們的吃相太難看。

平常學者和律師拿來嚇唬大家的律師執業過失，說如果再提高錄取率的話，律師的品質會愈來愈差，執業過失會愈來愈多。台灣自己的實證研究顯示，自從律師從十多個名額開放到數百個名額後，每年受懲戒的律師人數並沒有顯著的增加，這表示在律師公會自己的資料中，根本看不出來律師變多，就會導致執業過失跟著增加。諷刺的是，律師公會和某些保守學者卻一直強調這個論點，而不去看看他們自己統計的數字。更何況前面已經說過，外國的實證資料早已顯示，錄取率的高低、及格分數的高低，與一個律師的能力、品質沒有關聯性。

有學者說，律師品質已經太低，小心以後會有律師服務訴訟！問題是，律師市場不開放，根本沒有多餘的律師去告那些執業有過失的律師，反而讓那些品質不好的律師繼續留在市場上。

平民法律服務

當律師市場因爲不當管制，不夠競爭，使律師收費壓不下來的時候，可能就需要有更多的志願法律服務，或是法律強制性的法律扶助。我國沒有強制的律師免費服務，只有在刑事訴訟案件，有公設辯護人這個制度，但是對廣大的民事金錢糾紛，卻沒有政府出資贊助的法律服務。目前，除了少數幾個公益團體有提供平民法律扶助外，最盛行的法律扶助，大概就屬大學法律系的法律服務社。

不過，法律系附設的法律服務社，雖然立意良善，但是還是擺脫不了些許限制，而使得成效有限。最主要的限制，就是這些不具有律師資格的學生，所提供的法律扶助，只能做到諮詢的地步，而不能幫當事人出庭。除此之外，學校的法律服務社，可能限制得更嚴格，他們不僅不能幫當事人出庭，也被禁止幫當事人寫訴狀或存證信函等訴訟文書，甚至禁止給當事人電話，以免當事人於服務時間之外私下與學生聯繫。

學校老師禁止同學的原因，是說同學能力不夠，幫當事人寫訴狀反而會害了當事人。這個說法看似有理，但是眞是如此嗎？一個乞丐沒錢吃飯，快要餓死了，到你家門口行乞，你媽媽居然跟你說：「我煮的東西不好吃，不要給他吃。」這聽起來是不是有點荒謬？

這種種的限制，使得大學法律系法律服務對人民的效果大打折扣。當事人往往是舟車勞頓跑了大老遠來學校一趟，然後領牌排隊排了一下午，最後只得到不確定的答案。法律系學生之所以會給出不確定的答案，不是因爲他們法條背得不夠熟，而是因爲可能是當事人沒帶齊相關資料，讓服務的同學難以下判斷，或是因為所涉法條或法律實務太過細節，不但服務的同學一時難以找到正確答案，連向指導老師求援後，指導老師說了半天，也是不能命中問題核心。這就是我一再強調的：法條多如牛毛，加入實務判例判決，是沒有人可以背下所有答案的。通常，當事人都會很希望同學留下聯絡方式，請同學再花點時間幫忙查閱相關資料，然後以電話告知，這樣也可以省下當事人再度等到兩個星期後才能去法服請教的時間拖延（之所以要等要兩個星期後，有興趣的人去問台大法服社的服務方式吧）。但是，台大法律服務社卻嚴格禁止社員給當事人電話。

另外，禁止服務同學幫當事人寫訴訟文書，也讓來求助的當事人大失所望，因為如果只能找律師才能幫他們寫訴狀，那他們不但沒有省下訴訟成本，反而增加了搜尋資訊的成本（亦即多跑了法律服務社一趟或兩趟）。

舉辦法律服務社的目的，應該是為了滿足那些沒錢請律師的人，但是以台大法律服務社的經驗看來，選這門課的同學，大部分一方面是為了拿學分（法服的學分很好拿，對國考派同學來說是特甜），另一方面是為了增加自己的實務經驗，少有同學是眞正出於服務的熱忱，對可憐的當事人提供完善的服務的。如此，台大法律系以法律服務社博得了一些虛名，但是對當事人來說卻沒幫上什麼大忙。或許，那些參加法律服務社的同學，會自認爲自己的確有法律服務的熱忱，但是每當我看到他們打斷來請教的當事人的訴苦，說：「是你懂法律還是我懂法律！」時，眞令人懷疑這樣的法律服務，還剩幾分溫暖。

記得由法蘭斯西柯波拉執導、麥特戴蒙所主演的電影《約翰葛里遜之造雨人》嗎？麥特戴蒙飾演的是一個剛從法學院畢業的學生，他在大學時代參加法律服務社所服務的對象，後來一直保持聯繫，最後他第一個勝訴的案件，就是幫這名患者打贏訴訟，獲判上千萬美元的賠償。之所以命爲「造雨人」，是指麥特戴蒙對該名患者無保留的付出，就像是天降甘霖，紓解了他們的饑困。這個故事想要突顯的，是律師業務的黑暗與市儈，或許，這也是我們的法律服務社該反省的地方。

Chapter 6

我是冒牌律師

律師考試這麼難考，但社會上需要法律協助的人這麼多，難道法律系畢業而考不上律師的人，眞的都是廢物，而不能發揮所學，幫助他人嗎？

我自己就是一個沒有考上律師執照的法律系畢業生，但一直念法律念了十年，取得了法學博士學位。雖然法律規定我不可以執行律師業務，但誤打誤撞地，我曾經擔任過大學的法律顧問，且幫學校打贏了幾件官司。從我個人的經驗得知，律師考試的高門檻，眞的是很無聊的要求。以下是我個人的經驗分享。

我憑什麼擔任法律顧問？

「他憑什麼當法律顧問呢？」或許有人會這樣心想。對我來說，我也沒想到會有這種差事找上門來。

相信每個念法律系的同學，都曾經被親朋好友找上門，求助法律問題。親戚們會對你說：「你念法律的，一定懂吧，拜託幫個忙。」但我們心裡很想告訴對方：「拜託！不要問我，我眞的不懂。學校考題我都快看不懂了！你問這個這麼複雜……反正不懂就對了。」趕走對方後還警告自己的媽媽：「媽！拜託妳，不要再跟別人說你兒子是學法律的。」

不過，等我拿到法學博士學位，在法律系任教，又出了多本法律入門書。外界好像認爲，我就應該要懂所有的法律問題，並能輕鬆地解答疑難雜症。當別人來問我法律問題，我就算眞的不太懂，也不好意思說：「ㄟ……不太懂，去問別人吧。」總要打腫臉充胖子，然後背地裡趕快偷偷翻書找答案。我想，律師應該天天都在做一樣的事情吧。

因爲我的書及網站，常常有人寫信或在留言問我法律問題。通常我對於從網路冒出來問問題的人，都是狠下心直接拒絕的。因爲我的正職是老師，而且我已經分身乏術，哪有空幫陌生人回答複雜的法律問題呢！但是，若有人直接來找我，或打電話問我，交情不錯的話，我還是會幫忙查一下書，告訴他們簡單的答案。那樣的簡單回答，還眞的頗像法律顧問做的事情。不過都是免費義務服務一下。

例如，昨天早上C學生跑來問我，說他們球隊外出比賽，訂了外地的旅館，後來想退訂，能否領回訂金？前晚我老爸也打電話問我，說他有個朋友，家後面有塊地，沒有使用，隔壁鄰居想從後門進出，會踩過朋友的地，怕被走出地役權來。這樣的交情，以及這樣的問題，還在我能應付的範圍，查一下法條，告訴他們可能的方向，對我來說ok。但是網路上最多人問我什麼欠錢不還、銀行轉帳等問題，那我眞的沒輒了。如此專業的問題，請找眞正的專家吧。

但是，奇怪的事情發生了。

去年中，學校人事室來電，說由於校方處理一些教師申訴案件，需要有法律系的老師幫忙支援，名目爲法律顧問，實際上是要幫忙處理教師申訴相關法律文書作業。由學校那邊留存的資料發現，我在系上老師所留的資料中，著作發表還算頗多，所以就決定選我了。

因爲這樣而被人事室挑選爲法律顧問，我自己也滿心虛的。著作多，是因爲我求學時代要靠寫作賺錢。而且，系上其他老師的著作也滿多的，只是他們都是進入學校之後才慢慢累積著作發表，人事室那邊只有他們最初報到時的資料，所以看起來著作比較少。而我，大概是報到時，著作目錄就比較多，因而僥倖勝出。但還是有點心虛。

回想我求學生涯，唯一的訴訟經驗，是某老師拉我加入一個辯護團隊，打一場高金額的著作權訴訟案。我的任務，就是幫忙研究美國的著作權相關規定，提出以作爲我方的補強論證。我記得那個案件，後來算是贏了。我得到了三萬元酬勞，可以拿去付房租。這是我過去最接近實戰的一次經驗。

另外，我也想起我大學時，很荒唐地爲了賺獎金，和好友A同學組隊報名參加了第一屆的理律事務所辦的法庭辯論比賽，還莫名其妙的拿到第二名。但那只是假的法庭辯論，應該不算實戰經驗。當年第一名團隊、第二名團隊的所有成員，除了我之外，全部都順利考上律師。A同學還是本班最早考上律師的人，現在在當某銀行董事長特助，成就驚人。就屬我最沒出息吧。

我的專長之一是憲法，在系上也兼教行政法，但其實並不敢說是行政法專家。不過，若說要辦理教師申訴業務，幫忙寫寫法律文件，由我這個勉強兼教行政法的人來做，應該也勉強說的過去吧。

不過，我還是擔心不太懂相關作法。好在，我想起和我合寫憲法教科書的B學長，是教育部中央教師申訴評議委員。我馬上打電話和學長報告，經過初步討教後，發現有他這個熟悉教師申訴業務的眞正專家當靠山，心裡踏實多了。

加上人事室開出優渥的加薪條件，我實在沒理由拒絕。就這樣，沒什麼經驗的我，就當上了眞理大學的法律顧問。

不過，這個消息一傳開，馬上就有質疑聲音：「又不是律師！憑什麼當法律顧問呢？」說的也對。不過我很不屑律師考試這件事情，也是我畢生批判的目標。所以，我不是律師，又如何！難道考上律師就眞的比較懂行政法案件嗎？我很懷疑。

就這樣，我開始幫忙處理學校的教師申訴業務。

一方面，我開始認眞閱讀教師法的相關著作與相關案件，另方面，我也被派去參加教育部舉辦的各種教師申訴講習。而講習的時候，還會碰到B學長、C老師等人。他們都是學界的前輩，在我虛心向學、跟他們認眞請益下，慢慢地，我愈來愈懂教師申訴案件的處理了。而且看起來，幫學校處理的申訴案件，人事室也還算滿意。

每年考試院只讓一點點法律系畢業生當律師，其他法律系的畢業生都成了廢柴。但社會上需要法律協助的人那麼多，我們這些廢柴，偶爾還是要挺身而出。不是嗎？

心得：我在學校擔任法律顧問一共四年，中間處理了大量的教師申訴、學生申訴案件。我發現一個現象，學校的教師申訴委員、學生申訴委員，都是由學校教師兼任，但他們只負責投票、申訴評議，卻不負責寫申訴評議書。我這個法律顧問，其實兼做秘書，要幫忙撰寫申訴評議書。而在撰寫申訴評議書時，我必須以行政法的學理與相關概念，有邏輯地撰寫該評議書。通常，就法論法，一件申訴案是否有理，從法律觀點來看，是很明確地。但擔任教師申訴評議委員的各教師們，根本不是學法律的，他們評議時常常說的一個論點就是：「要替學校著想。」「如果讓老師申訴成功會造成學校很大困擾。」這種論點根本不是法律觀點，但這些委員每個都有投票權，而我這位替他們撰寫申訴評議書的秘書，反而沒有投票權。我的感想是，其實各行各業，都急需法律人才，例如在一個大學內，有各類申訴委員，大學也常要與外界簽署各種產學合作契約，其實需要至少一、二名法務專員。不只是大學如此，各民間公司也是如此。但因爲律師考試的關係，讓大家覺得，只有考上律師才能從事法律工作，沒考上的人一點用都沒有，反而使得有法律人才需求的公司，卻都不聘法律系畢業生擔任法務工作。使得台灣法律系畢業生對業界提供的法律服務，大量不足。而且，這也導致台灣各公司行號內部做的法律相關決定，都很有問題。而各公司都寧願等到出問題，再聘請律師打官司，而不願意事先聘請法務人才在內部做事前控管。

我的第一件訴願案

我第一次擔任訴願代理人，跌跌撞撞，最後，連訴願成功了，我竟是最慢知道的人。

話說，我在退伍之前，就應徵上眞理大學的教職，但還沒來學校報到前，高教評鑑中心公布了系所評鑑的結果。我們系的評鑑結果有點難看，讓我一度以爲上了賊船。但就是因爲深受其害，A老師常常找我抱怨評鑑制度的問題，我也覺得評鑑制度有些地方出了問題。因而，對於評鑑制度法律面的問題，也開始有了興趣。

二〇〇八年，我一共寫了三篇關於評鑑制度的論文。反而自己眞正的專長，憲法和智財權方面的研究，暫時擱一邊。這三篇論文，不敢說是什麼「大作」，但我發現，對於評鑑這麼嚴重的事情，研究的人還眞的不多。

六月的時候，之前學校對評鑑申訴的結果出來，申訴全部是「無理由駁回」。A老師又跑來跟我討論案情，義憤塡膺。我們兩人臭皮匠，決定對申訴結果，提出訴願。我把之前研究評鑑制度的一些心得，寫入訴願書中。然後，我們自告奮勇地跑去見校方，但未獲正面答覆。

後來得知，其他學校對於評鑑申訴結果不滿，提出訴願的，教育部已經有了立場，就是不受理。所以，其實就算校方支持我們提出訴願，也一樣會失敗。事後心想：還好當時沒有提，不然我這個法律顧問馬上就遜掉了。

九月底，教育部又傳來不幸消息。對於學校十個未通過評鑑的系所，教育部決定祭出減招處分。這個消息眞是太讓人氣結。在危急存亡之秋，系上老師召開系務會議，討論是否該提出訴願。A老師和我是鷹派，當然說要提，而且訴願書都寫好了。因此，大家決議請校方同意，讓我撰寫訴願書，對這個處分提出訴願。

這次，順利獲得校方的支持。我將我之前上次寫好的訴願書，拿出來重新想了一想，決定大幅改寫，提出不同的理由。當然，我其實沒眞正寫過正式訴願書。所以在寫完初稿後，又請教了專攻行政訴訟的A老師，也請教了曾擔任公證人實務經驗豐富的B老師。經他們兩位的修正，我對我的訴願書及訴願理由，算是小有信心。

好，就提出去吧。我自己印好所有的文件及附件，拿去寄快遞。而且，我很乖地按照訴願法規定，訴願向原處分機關（教育部）提出，而不是直接向訴願管轄機關（行政院）提出。但寄出之後，我馬上就後悔了。心想，如果教育部裝死，假裝沒收到我的訴願書怎麼辦？應該要印兩份，分別寄給教育部和行政院的。唉呀！省錢雖是美德，但這次該不會因爲省錢省到壞事了吧。

擔心的事情果然發生了。訴願書向教育部提出之後，無消無息。我的心裡眞是忐忑不安：「該不會案子眞的被吃掉了吧？訴願還沒開始就被我搞砸！完蛋了！」過了一個月，我按耐不住，打起教育部的電話，轉了好幾次電話後，終於轉到承辦人手上。承辦人怪我說，訴願書上什麼都沒寫，她收到就放著。我心想，眞的完蛋了，已經過了訴願救濟期間一個月了，你還給我放著沒轉出去。但我還是卑微地跟她解釋訴願法的規定，是由原處分機關轉交給訴願管轄機關，拜託她趕快幫我轉交。她還不相信，說要請教單位裡面懂法律的人，再給我答覆。經過一番折騰，她知道她錯了，就告訴我說：「放心，我們過幾天寫好答辯書後，會幫忙轉交給行政院訴願會的。」都拖了一個月了，訴願書都還沒進到行政院訴願會的手裡，我想我的紕漏眞的出大了。校方問我訴願進度如何？我只好閃爍其詞：「行政機關作業都很慢，要等好幾個月吧。」

然後，繼續無消無息。

有一天，教育部長上了新聞，說以後評鑑與招生名額脫勾，評鑑結果不佳也不會進行減招了。這個消息傳來，A老師和C老師都大爲振奮，也向我報喜。但我說：「恭喜什麼？以後是以後，但之前做成的減招處分，還不知道會不會撤銷呢。」那麼，他們問我：「訴願案結果知道了嗎？」我說，還沒有結果，可能要拖五個月才知道結果吧（一次三個月，可延長一次二個月）。

二〇〇九年初回家過年前，我還不時上網查詢行政院訴願會的網站，看著電腦螢幕上案件進度顯示「原處分機關檢卷答辯中」。心想，停在這個狀態已經兩個月了，答辯也太久了吧。訴願不是說，一次最多三個月嗎？就算要延長，不是要通知我嗎？三個月已到，要過年了，怎麼不給我個交代呢？無奈，只好回家過年。心裡又開始擔心，會不會眞的搞砸了。

過完年後，回到學校，主任轉來校長的捷報。說教育部覺得感受到我們爲了評鑑而改善的努力，決定撤銷原本減招的處分，重新給我們一次機會。哇！也就是說，教育部接受了我們訴願的請求，撤銷了原處分！這是眞的嗎？隔幾天遇到校長，校長謝謝我。我內心有點開心，但還是有些不安，也覺得不眞實。心想：怪了！我不是訴願代理人嗎？撤銷原處分，不用通知我嗎？是不是訴願書哪裡又寫錯了？

因爲前面遞狀的不順，諸種的不安，有一天我碰到學校的主任秘書，忍不住請他將教育部撤銷減招的公文，印一份給我參考。我的理由是，想要將這個案子「結案」，正式「歸檔」。但其實眞正的理由是，一方面沒看過撤銷處分公文，想要來看看。另方面，想確定一下，撤銷處分到底跟我的訴願有沒有關係。怎麼會不用寄給訴願代理人呢？

等主任秘書將公文傳給我後，先看發文時間，發現其實這份公文是在過年前最後一天發出的，等到我現在正在看時，已經是整整一個月後。再看發文對象，公文的副本單位很多，包括教育部內的很多單位、行政院的訴願會等等。這麼多副本單位，但仔細察看，就是不給訴願代理人一份副本。

因爲這個訴願案關係學校的未來發展，影響重大。提出訴願的過程，從寄出、收案、轉交，到最後連回應訴願的公文都不給我一份，這麼多小波折，才讓我一直覺得很不安心：到底是我寫錯了？還是教育部的長官不熟訴願法呢？

當然，事情已經暫告一段落，我不用再鑽牛角尖。看到這份公文，確定是因爲我們提出訴願，教育部才撤回原處分，我算是小有功勞。因此，我剛拿到這份文的幾天，還不時打開檔案，品味著那份公文，沾沾自喜。

第一件替學校打的訴願案，旗開得勝。

心得：台灣的各種行政救濟管道，通常都採用書面審查，而不採用當面審理程序。我擔任學校法律顧問期間，主要處理的是學校、學生與教育部訴願會、中央教師申訴會的一些案子，通常這些案子都是以書面答辯往返，不需要有類似「開庭」的場面。而書面的答辯往返，其實就是作文比賽。學法律的人，只要知道簡單的書面往返程序，處理這種行政救濟案件所需的能力，大概只需要寫行政法書面報告的能力即可。只需要具備行政法這科的知識，在家查好相關的法條、實務見解，並且替自己的雇主想好相關的可用論點，寫一個條理分明的答辯書、申訴書、訴願書，並不是件難事。如果有人專門只打行政救濟官司，爲何一定要通過太難考的律師考試？從我個人處理行政救濟案件的經驗來看，根本是不必要的。

我的第一件著作權官司

二〇〇九年，學校內教電腦的A老師，被一個傑出的知名B攝影家控告，說A老師的網頁盜用了B攝影家的四張作品，侵害其著作權，要求A老師賠償二十萬元。B攝影家後來認爲，A老師是用學校所提供的網站空間，所以把學校也告了進去。

這下子，既然案子牽扯到學校，我就被吩咐必須擔任學校的訴訟代理人，同時也擔任A老師的訴訟代理人，來替學校辯護這個著作權民事賠償案。對於這個案子，我很樂於幫忙。一方面，我本身就專攻智慧財產權，能有實務的經驗也不錯。另方面，也想去新開張沒多久的智慧財產法院看看。而且，將來不管案件輸贏，都可以在著作權法的課堂上跟同學聊聊。

首先，爲了準備訴訟，我找A老師先了解事實經過。原來，A老師在學校負責教學生電腦，十幾年前，網頁這個東西剛出來，他雖然要教學生做網頁，但其實之前他也沒眞正學過網頁製作，所以連他當老師的人，也是邊學邊教。

A老師爲了學習一些照片連結的功能，在網路上，發現有個野鳥協會的網站上的照片集很漂亮。他想要把這個網頁裡面的功能都學起來，因而重製了這個網頁，存在自己的電腦裡。爲了示範給同學看怎樣做照片集連結功能，他也將這個網頁上傳到他自己的網路空間中。不過，過了一兩年，他把照片集連結功能都學會後，自己做了自己的照片集，就沒再使用那個網頁。不過，他卻忘了把網頁移除，而繼續留置在網路空間上。

過了十幾年，知名的B攝影家，透過網路搜尋引擎，發現A老師棄置多年不使用的網頁，裡面的野鳥協會照片集，居然用到B攝影家四張傑出的野鳥作品。B攝影家憤而提出刑事控告。爲什麼B攝影家要先提出刑事控告呢？據他後來在法庭上的說法，是因爲他不知道A老師住哪，甚至不知道網頁是A老師製作的。他提出刑事控告的話，警察會幫他查出來這個網頁到底是誰的，幫他查出這個人的姓名及地址，他才能提出民事告訴。這個策略眞聰明。

不過，這個刑事的告訴，後來士林地方法院檢察官選擇不起訴處分，認爲A老師的行爲構成教學上的合理使用。

了解大致案情發展後，我想，既然士林地院的檢察官都已經詳細論證爲何不起訴、爲何構成合理使用了，那麼，這個案子勝訴的機會應該不低。

所以，我的訴訟策略也一樣，主張這屬於教學上的合理使用。不過，我提出了另一個主張，那就是，A老師被指責侵權的網頁，其實已經棄置多年不使用，而且對外並沒有提供超連結。一般來說，既然這個網頁對外沒有提供任何超連結，被連結上的可能性微乎其微。不過，還是有可能被連上，不然B攝影家怎麼可能發現這個網頁？B攝影家之所以能夠發現這個網頁，主要是透過搜尋引擎的強大搜尋功能，在輸入關鍵字後，查到第二百多筆，才找到A老師的這個棄置多年不用的網頁。

由於我自己會做網頁，前陣子還特別研究超連結的著作權問題，也研究過搜尋引擎的著作權問題，對相關的技術問題有基本的認識，所以想在這個點上特別發揮一下。

就這樣，幫A老師寫了簡單的答辯狀，簡單到一頁不到，就這麼寄了回去。也幫學校寫了答辯狀，簡單到半頁不到，也寄了出去。然後就等候正式開庭時間。等到眞正開庭那一天，我提早開車到了板橋車站，繞了一下，找到智慧財產法院，正式開庭。

第一次開庭，很單純，雙方澄清了自己的立場後，法官對某些地方希望了解更多，要我回去補一下證據和說明。當然，法官還是按規矩，問一下雙方願不願意和解，畢竟雙方願意和解的話，他不用寫判決書，也不會有敗訴一方上訴的問題。不過，法官似乎認識原告B攝影家，說他已經審過他的案子很多次了，看來B攝影家的確很有訴訟經驗。法官因而開導了B攝影家幾句。但法官也開導一下我，認爲我們學校侵權也實在不應該，要我還是考慮一下和解的可能。當然，學校沒有給我和解的指示，我也沒辦法和解，只好說回去再問問看。就這樣，散會，法官散會前決定下次庭期。

對於法官要求我補一個證據，我回去找A老師研究了一下，發現法官還滿厲害的，一問就打到了要害。因爲一調出證據對照，就可以發現之前士林地院檢察官認定的事實，跟眞正的年代，有一點點出入，差了二年。不過這無傷大雅，我補齊了法官要的證據，說明因爲年代久遠，所以才不小心記錯年代，並再度強調系爭網頁對外並無提供連結管道後，寫了陳報狀，回寄給原告和法院。B攝影家動作也很快，一收到我的陳報狀，很快地又寫了狀子來，一一攻擊我的證據和主張。

接著，就是第二次的開庭。第二次開庭，法官已經收到我的陳報狀，也收到原告的準備書狀。法官再把兩份狀子中間尙待釐清的點，再釐清一下，就準備收工了。收工前，法官先跟我們兩方確認一下，哪些是我們不爭執的事實。我們一一確認過後，僅存的法律爭點，只剩下在法律上，到底被告A老師的行爲構不構成合理使用。當然這個爭點，這就交給法官大人傷腦筋吧。

最後，法官定下了宣判時間。我頗沒經驗地，問了一下法官，宣判時我得來嗎？（因爲那天學校忙評鑑，我怕……）法官直接打斷我，說不用來，在家等判決書就好。那正好，因爲評鑑眞的超忙。

不過我還是沒經驗，打電話問了擔任書記官的C學弟，C學弟說，等宣判後，可以直接打電話問該股的書記官，或者隔幾天看法院網站上公告的判決主文。不過因爲我接著就開始忙評鑑，也沒管什麼判決主文了。不過，我倒是有轉告A老師，若他很急著知道判決結果，可以有上述兩種作法。

前幾天，忙評鑑工作忙得天翻地覆，宣判那天，剛好是評鑑的重頭戲，根本沒空幫A老師打電話問書記官。身爲被告的當事人A老師，自己居然查到剛公布的判決主文，主文很短，寫著原告之訴駁回之類的，判決書則還沒收到。老師把這個主文剪下來轉寄給校內各位行政主管，並感謝大家給他的幫忙。

其實開了幾次庭之後，我覺得開庭其實是很簡單的事情。台灣大學法律系畢業的我，只有最基本的訴訟法概念。像我民事訴訟法念這麼差的人，就算不了解整個訴訟流程，開了幾次庭，也就大致知道了。就算不知道，問一下對方律師，打電話問一下C學弟、D學長，加上好心的法官再補充提醒一下，大概也就知道了。想想，連傑出的B攝影家都這麼擅長打官司了，可見有沒有念民事訴訟法，眞的不重要。難怪以前律師是學徒制，跟著老師傳出庭幾次，也就清楚整套流程了。

這是我無牌律師打完的第一件民事訴訟。著作權法課程上，我就拿出這個案件，開始臭屁。

隔沒多久，以打著作權官司爲業的B攝影家，決定提出上訴。但是他的策略很有趣，在上訴時，他將請求賠償的金額，對半折價。對半折價，感覺就是拿出誠意，希望我們也退讓一步。但是即使對半折價，金額還是有十萬，對我們的A老師來說，仍然覺得索賠金額太高，無法接受。

只好，我們要繼續出庭應戰。到了二審，第一次出庭時，我按照慣例提早約半小時到智慧財產法院。到了法院，因爲不需要事先閱讀訴訟資料，所以就很輕鬆地到我們案件分配到的法庭，看這個法庭的法官如何審案。旁聽一陣子，就發現氣氛不對。這位審判長的性子比較不耐，無法忍受當事人或律師回答問題時脫序，所以常常會怒聲制止當事人或律師，不讓他們暢所欲言。而法官也會很強勢地主導議題，不讓律師提出無關的抗辯。

看到這個審判長如此強勢，我就知道大事不妙。果不其然，等到我們的案件時，審判長不太想聽我解釋什麼叫做合理使用，反而是怒聲教訓我們用人家的著作就是不對，要求我們和解。審判長還說，他認爲我們提出的合理使用的證據根本不充分，即便我們在檢察官、一審法官面前都已合理使用勝利，但他說他還會去調相關資料（閱卷），他認爲我們主張合理使用的證據根本不充分。

但是審判長也很公平地，反過來跟B攝影家好言相勸，認爲他的著作不該主張這麼多錢。審判長說，他認爲的合理賠償金，一張照片應該四千元，四張照片一萬六千元，湊個整數最多二萬元。問B攝影家願不願意和解。B攝影家當庭說認爲金錢太低，他出庭這麼多次，光高鐵的票價都不止這些，他不能接受。而審判長也反過來問我，我能否接受這個和解金額。我認爲這個和解金額已經夠低了，對我來說，如果還要爲了二萬元一直出庭、寫狀、準備證據，實在不太划算。我當然願意和解。但我報告審判長，說我沒有和解的權限，必須回去詢問我當事人的意願。審判長就說，下次再開庭，屆時要我提出合理使用的證據。

這次開庭之後，我覺得我很有可能會敗訴。回去之後，馬上找A老師商量，看看他能否接受二萬元的和解金額。並且對於合理使用的證據或證人，我們也一直在思考，到底怎樣才能提出十年前的證據。而且我們其實沒什麼使用，又要怎麼提出「合理使用」的證據呢？在提出證據這方面，我覺得實在很困難。所以我要求A老師，要他下次跟我一起出庭。出庭的用意有二，一方面若無證據，他自己可以作證，向法官說明。二方面若法官要求和解，他是當事人，可以當庭自己告訴法官是否願意和解。A老師猶豫不決，一副很不願意上法院的樣子。我說那等開庭前一天再問他是否願意出庭好了。

到了開庭那一天，我問A老師是否願意出庭。他勉強同意出庭。但是就算我們A老師願意和解，對方的B攝影家上次就已經說，他就認為價格太低而不願意和解。所以我認為和解的機率不高。既然和解機率不高，我想，還是要提出新的防禦方法。所以我絞盡腦汁，除了合理使用的抗辯外，努力想如何提出請求權時效的抗辯，還有著作權曾經修法的抗辯等等。

沒想到，一切都是多餘。到了開庭時，審判長劈頭就問，雙方願意和解嗎？我反問審判長，和解金額就是上次講的二萬元嗎？審判長說是。我和A老師說好了，二萬元他能接受，所以他就立即同意。審判長轉身問B攝影家，B

攝影家貌似猶豫了數秒，居然說他願意和解。

這個答案實在出乎我們意料之外，我這段期間傷透腦筋的事情，一下子就解決了。審判長也很高興雙方願意和解，要我們立刻去提錢，當庭交付，並在法院寫的和解協議上簽名。這個案子立刻結束，不到十分鐘的開庭。我的第一件著作權開庭官司，就此「確定」，不得上訴。

心得：台灣這位在著作權領域到處告人的知名攝影家，非常有名。他到處提起刑事告訴、民事訴訟，而且自己寫的訴狀、陳述狀、答辯狀等，內容都非常完整，引用書證格式也都非常專業。但看得出來，其應該沒有受過法律系的正式教育，而是因爲本身到處告人，累積了大量的實務經驗之後，開始知道如何寫訴狀、如何出庭，如何提出各種證據，如何援引著作權的相關條文等。而我自己，民事訴訟法、刑事訴訟法念的普普通通，但代表學校、老師，從事了幾次民事案件、刑事案件的出庭工作後，透過實際的經驗，映證了課本上學到的法條知識。幾次經驗之後，我發現原本對訴訟程序一知半解的我，也稍微了解的整套運作的方式。這樣的經驗告訴我，作爲律師，尤其是出庭律師（訴訟律師），除了法條知識外，最重要的就是實習，也就是實務經驗。如果沒有實習，光有法條知識，其實沒用。但相反地，如果在前輩的帶領下去實習一、二年，體驗訴訟的整套過程，不熟悉訴訟法的知識反而不重要。這也映證了本書論點，律師考試不需要叫大家把訴訟法上的甲說乙說背熟，要求大家一定要考六十分，其實只要考簡單的名詞解釋，確保大家知道一些訴訟程序基本常識之後，重點不在背書、背法條、背理論爭議，重點在於實際的實習。就像被稱爲著作權流氓的知名攝影家，他其實非常熟稔民事訴訟的整套程序，並且是台灣訴訟案件纏身最多的幾個人之一。這個現象，相較於難考的律師考試，呈現荒謬對比。

Chapter 7

翻譯型——傳統法學研究方法

法學之研究，難道僅僅是爲發思古之幽情，而珍數法律制度之傳統？抑或是爲挾洋以自重，而標榜外國新潮的法學理論？

楊奕華：〈台灣的法律人，你的貢獻是什麼？〉

我在念碩士班時，對於一些傳統的法學議題，曾經下過苦工寫了幾篇文章，寫作後也都得到老師們的讚賞，認爲我文章中提到的觀念很新穎，蠻有創意的。受到這樣的讚賞後，我有點驕傲，因而決定投稿國內的法學雜誌。

我的文章是挑選幾個法學中特定的議題，描述其繼受外國法制的過程與結果。而我文章的重心，是想突顯在這些繼受過程中，往往國內學者並沒有反省是什麼樣的背景造就了外國的這個法制，且學者在貿然引進後，看到外國法制漸漸修改，也未去追問是什麼樣的社會回應要求他們修改自己的法制。這些，都是我國學者在引進時，未仔細思索過的問題，而且他們也沒有考慮在配合台灣既有的法制後，還有沒有必要一味引進。我所做出的結論是，我國法學者似乎一直宣稱我們是德、日的繼受國，故在解釋法條時一定要跟著外國走，這樣我們的法制才算完整，好像不引進我們就少塊肉似的。

缺乏社會的、文化的思考，推動改革者首先想到的通常是怎樣移植更多外國的制度，斷定問題的癥結權在於當初移植得不徹底。

蘇永欽：〈當前司法問題的癥結〉《司法改革的再改革》

不意外的，我的幾篇文章最後都被退稿。

退稿的共同原因之一，寫道：「通篇文章充滿個人意見。」這反應了台灣的法學界不太能夠接受創新的文章，他們不要有太多個人觀點的文章，他們寧可要整理前人見解、介紹外國法制，甚至直接翻譯外國文獻的文章。

退稿的共同原因之二，要不就是批評我對外國的法制了解不深，有所誤解，要不就是沒有在文章中仔細介紹外國法制，或者說得更白一點，我引用的資料都是國內學者的文獻，而不是自己第一手閱讀外文的資料。這些理由反應出台灣的法學界，不信任自己的學者已經做過的研究工作，後繼者引用這些文獻資料而非直接引用外文資料時，反而會被說成是不了解外國法制。甚至，我沒在文章中對外國法制加以介紹（我不做是因為別的學者已經寫太多了，整篇幾乎都是在介紹），都可以被指責為不懂，表示一定要寫在文章中、才表示你懂的怪異現象。

不過，很可能審稿人寫這種理由不過只是這些理由最好用罷了。既然他不喜歡我個人的意見，覺得我文章中的諸多批評傷了他們努力替台灣引進外國法制的良苦用心，只要說「你不懂」、「你誤解了」，反正是外國的法制，他才是那個國家留學回來的，而我不是，這麼說我也眞的沒有話講，如果我不去學日文德文，死無對證。

當然，上面的臆測不免有我自己的偏見，但我寫這個故事的用意，只是想作爲一個引子，接下來這一章，我會清楚說明台灣所謂的法學研究方法是如何的偏狹。

沒有創新的法學

前清華大學電機系曾孝明教授在《台灣的知識經濟——困境與迷思》一書中，將學術研究工作分爲三類，一是「創新前瞻型」；二是「追趕型」；三是「後續補充型」。他說：「國內的產業界（含工研院等法人單位）幾乎只有調參數與改良技術的能耐，沒有科技先進國家的高水準產業研究可言。國內大學自然科學與工程科系的研究，本質上仍以後續補充型研究為大宗，甚少有創新型研究可言。後續補充型研究也可以產生不少論文，但卻是一種點綴式的工作，其「到此一遊」的效果，在學術研究上就好比「公狗撒尿占據地盤」。這種學術科研究投資實在難以理解有何意義。」

言簡易賅。

在這段文字中，包含兩個概念。一個是曾教授認爲國內的自然科學研究工作，多數屬於後續補充型。另一個是由於學者做學問屬於後續補充，不強調原創，所以誰先看到外國的研究、先將之引進，就能稱爲是那個領域的專家，形成「先占先贏」的現象。換言之，學者們只是比誰先寫，而不是比誰有創新。法律學門也有上面所說的類似的問題。

翻譯型法學研究

如果要將台灣的法學界的主流研究風格歸納到曾教授的三種類型中，可能可以被歸爲「追趕型」，可能也可以歸類爲「後續補充型」。從某個角度來看，我國的法學研究一値都在追趕著德、日、美的學說發展，或許可以稱爲「追趕型」，從另一個角度來看，我國的法律學者，寫論文多是引介外國學說，用來檢討台灣本土法律，或也可以歸類爲「後續補充型」。不過，其實我國大部分學者的法學研究，可能連曾教授所謂的「追趕型」或「後續補充型」都談不上，更爲貼切的形容詞，可能用「翻譯型」，對台灣法學的研究，形容會更爲傳神。

爲何稱爲翻譯型呢？首先，讀者必須對台灣法律的歷史有點基本的認識。

台灣的法制，是隨著民國三十五年自日本手中光復，從大陸空運來的。而大陸的法制，則是在民初變法圖強的風氣下，參考西歐國家和日本的法律，東貼西湊，整理出來的。因而，這一套完全隔空移植繼受來的法律，與台灣人民在日本統治下習知的法律，多少有點不同（詳細的發展，參考王泰升專書再爲補充）。而且，當初在參考西歐國家的法律時，由於欠缺精通歐洲國家語言的人才，還必須藉助日本顧問的翻譯，翻譯出帶有日本味的用詞，就這樣直接作爲中華民國的法律用語，因而使法律從業人員與一般民眾接觸新法時，顯得有點不知所措。

這一套不是源自於人民生活習慣所制定出來的法律，在解讀上，必須參考來源國的法律運作，才較能正確地掌握其內涵。在此套用政治大學法律系蘇永欽教授對戰後台灣法律學者分代的區隔，藉以說明台灣法學界的發展。戰後第一代（多半已經去世）與第二代的法律學者（目前年約六七十，各爲一方法學權威），在寫作教科書或是論文時，都很強調比較法的介紹，用德、日的法律運作，來解讀台灣的法條。甚至，第二代的法律學者，連德國新進發展出來的法學理論（或是日本引進德國的新理論後），都認爲該適用在台灣上，而不辭辛勞地一再引進到台灣法學界，成爲一篇篇的法學論文。戰後第三代的學者（目前的中壯年學者），雖然有欲使用新方法來研究法學的趨勢，不過仍以寫作引介外國法學理論發展的論文爲大宗。

例如，台大法律學院曾舉辦過一場懲罰性賠償金的研討會，會中就邀請留美的、留日的、留德的、留法的年輕學者（可能可算是戰後第四代了），共聚一堂，分別寫篇文章，引介各自留學國的法學界，對懲罰型賠償金的實務運作與學理討論。

這種介紹性質的文章，在台灣法學界，是典型的論文寫作方式。原則上，一篇合乎台灣法學界要求的論文格式，會以下列順序來呈現。首先，學者會點出，他這篇文章所想要探討的法律問題。再來，他會花部分篇幅整理介紹國內學界、實務界對這個問題的看法及處理方式。接著，他會開始介紹德國（或美國、或日本，這通常是依他的留學國而定）在這個議題上，實務界與學界的看法與處理方式。最後，他會在前面他所介紹的德國的眾多說法中，挑選其中之一他比較贊同的，拿來建議台灣對這個法律問題的處理方式。

整篇文章中，大概會有百分之七十以上的篇幅，是在整理介紹我國或外國的法律實務界走向與法學界的理論發展。剩下的部分，除了前言和結語外，所剩無幾。至於把外國法學理論套用在本文所處理的本土法律議題上，其實用不了幾句話就可以解決。

因爲法律論文這樣的特質，不難發現，兩篇不同作者所寫、討論相同議題的文章，其中百分之五十以上都是在寫一樣的東西，頂多組織安排上、或是介紹細密度上、或是因作者個人的價值觀的傾向而對甲說乙說的分配比重上，略有不同罷了。法學界近來興起針對單一的熱門公法議題舉辦研討會，會中邀請各校公法學者分別發表論文，讀者若是有興趣參加一次，即使是法律門外漢，也一定能發覺這個現象。五位學者，五篇論文，其中五成以上同樣的內容，你們看了或許會想：同樣的內容何必印五次？浪費紙資源！

法學界對這種介紹性質的論文，評分的標準在於，你介紹的夠不夠詳細、夠不夠全面？有沒有把實務上的判決發展、少數法官的見解寫上來？有沒有把學界的理論分歧做個清楚的整理介紹？如果都做了，別忘了要幫那些分歧的理論取名字，這樣我們在討論時才方便引用甲說乙說。

常常，你論文的註腳和參考文獻，是決定你究竟有沒有符合上述要求的簡單測試基準。如果你引的全都是外文，就代表你讀的夠多、夠深，對這個問題了解夠深。甚至，一個很奇怪的現象是，爲了證明我的資料來源夠正確，絕對是第一手的舶來品，明明有個議題國內其他學者已經爲文介紹過，作者還是不肯引用他的文章，而要自己重新寫過，證明自己的德文很讚、英文很強。

台大法律系葉俊榮教授在民國八十七年間所主持的一項台灣法學期刊評比研究中，發現台灣的法學學者，不太喜歡引用本國的法律論文，平均一篇論文被引用的次數是○・一七八次。「絕大多數的論文根本不被其他論文引用。而且根據我們的觀察，在如此少的被引用次數中，大多數被引用的論文都還是作者自身在某一篇論文中去引用自己以前寫過的文章。」這個現象的成因可能是文人相輕，不過較可能的原因應該是，如果文章中要寫到這是日本哪位教授的見解，比起二手引用台灣學者寫的介紹性文章，不如直接引用日本學者的文獻，會來得有意義一點。畢竟，太多的法學論文都是介紹性質的文章，很少有自己原創性的觀點，所以無法引用。或許，另一個較邪惡一點的動機，是因爲不想讓別人發現，自己寫的東西其實別人都已經寫過了，所以不敢引用別人的文獻。

有一個台大法研所的同學曾經告訴我，在某場論文發表會上，一個教授給他良心的建議，要他在引用論文時，最好直接引用外國學者的一手文獻，而儘量避免引用國內學者的所寫的翻譯介紹性質的二手文獻。矛盾的是，這位同學坦承，那些所謂翻譯整理（二手資料）的作者，都是國內的資深學者，而要他自己去看第一手的文獻，或者也要他去翻譯，他也絕對不可能作的比那些資深學者來得好，翻譯的來得準確，頂多就是一樣。不知道這位教授的建議，是因爲怕國內學者的介紹性文章會因二手轉介而發生誤解，還是只是覺得用這種方式能夠突顯論文的可信度，增加別人對自己學術性的認可？

學者的論文如此，其所指導的碩士論文更是如此。在台灣的眾研究所中，法研所的碩士論文，堪稱第一厚。常常一本厚厚的碩士論文，百分之九十的篇幅，都是在介紹。教授認爲，學生不適合提出太多自己的見解，那麼，碩士論文唯一能做的，就是替台灣清楚完整地介紹一個外國的法律制度，愈清楚愈好。爲了避免學生語言能力不足而失去原意，教授會希望學生不要斷章取義，最好整篇外國的文獻，都能夠一句一句清楚的翻譯，因而，碩士論文也就愈來愈厚。台大法律系某教授認爲，台大法研所的碩士論文對台灣法學貢獻很大，至少，它們替台灣清楚地介紹了外國法的發展。有名的例子之一，是台灣民法權威王澤鑑教授所指導的碩士論文，在台大任專任教授時，幾乎涵蓋了德國債法所有的議題。之二則是行政法權威前司法院院長翁岳生，更是有計畫地從行政法第一章到最後一章的議題，逐年分配給他的指導學生，而成爲論文[1]。

在學術研究上，則是翻譯外國學說，或概述外國立法制度，鮮少有其獨創見解，或眞實就台灣社會經濟法制現況與外國立法制度加以比較實證，此種學術成果不免令人有抄襲之感。

鄭昆山、林俊宏：〈當前台灣法律學門發展評估之書面意見〉

看了以上說明，我想，用「翻譯型」來形容台灣的法學研究，讀者應該還可以接受吧。這種通篇整理中外文獻資料的寫作方式，或許應該專屬於歷史學或考古學的研究方法，可稱爲法律考古學。或者，法學者乾脆承認，自己是在寫「外國法學發展史」，或者是跑外國法學線的新聞記者（我這個說法應該不誇張，對我而言，看國內的熱門法學期刊，就像是在看新聞報導，看看最近國內在炒什麼法律議題，美國又有什麼新東西，德國又有什麼新學說，只是寫作的人的報導技巧，稍微差了點）。

之所以不把法學界的這種主流論文歸納爲曾孝明教授指的「後續補充型」或「追趕型」，是因爲法學界的論文不太符合這兩者的定義。台灣法學界

【1】蘇永欽，〈法學發展與社會變遷〉。

這種追著外國文獻翻譯，並非追趕型的定義。追趕型是指我國的學術研究水準，努力追趕他國的學術水準而言，但台灣法學界的學術研究水準，只停留在翻譯、介紹，看不出任何的追趕（或者就算學者認為翻譯介紹就是追趕，但方法還是不對）。或許，這樣的文章某程度可以歸類為「後續補充型」，因為台灣法學者偶也會有自己的看法與主張，偶也能挑剔外國的學說，偶也會提出一些新穎的想法，尤其當打著本土化的旗幟時，適用到本土的法律議題上後，更能說這些文章，對這個議題的討論，還是略有貢獻的。不過那真的只是偶爾。下一章會介紹到戰後第三代以後的法律學者，在研究方法上所做的創新，可能才比較符合所謂的追趕型或是後續補充型的定義。

不久前，幾位讀經濟研究所的同學聊天時提到，某位經濟學界的教授，很喜歡翻譯外國書。他們之中有一個人說：「台灣的經濟學者，寫不出什麼有創新的論文，不翻譯書能做什麼。」我接著答腔：「至少，你們經濟學界的學者，承認自己是在翻譯書，不像我們法律學界的學者，明明就是在翻譯，還聲稱自己是在寫論文。」

因為這種翻譯型的論文不難寫，學者一看到國外的文獻在某個法律議題上已經略有討論，只要花點心思加以翻譯、整理，馬上就可以寫一篇文章，根本不需要耗盡腦力思考創新，所以更容易發生曾孝明教授所謂的「到此一遊」、「公狗撒尿占據地盤」的學術爭霸戰。例如同樣是留美的學者，對於一些新興的法律領域，就會有這種「先占先贏」的瑜亮情結，先寫的人，會被捧爲專家，另一個學者就不好意思再寫。

不過，也可能有文人相輕的現象。有的學者不甘別人被捧爲專家，也想讓外界知道自己是專家，會故意無視於別的學者已做過的翻譯工作，執意要寫相似的題目，並在文章中全然不提及台灣已有同標題的文獻，而盡是引用外國文獻（依前面介紹的標準格式，照理應該要提到台灣曾有哪位學者曾有哪樣的主張才對）。這也是上述台灣法學界引用本國論文比率過低的原因之一。

學者們由於寫書或是寫文章經常大量翻譯，所閱讀的文獻也以外文爲主，所以在中文文字的駕馭上，功力似乎略顯不足。常聽到同學抱怨，說台北大學法律系某老師的教科書，根本是用德文的文法在寫中文，比春秋戰國時代的古文還難看懂，而且總是在一些沒看過的專有名詞後面括弧寫上德文，讓人懷疑自己是不是在看德文原文書。留日的學者也有這個問題，他們在名詞的選用上，愛用日本學者慣用的漢字名詞，但是漢字的字面與中文本身的意涵有所出入，學者直接拿來用到我國，常常讓人無法一目了然。在文法上，留日的學者也受到日文的文法影響，句子的斷句斷得讓人摸不著頭緒，一個句子可以拖得又臭又長。

考試取向的法學期刊——介紹整理型

國內兩本最暢銷的法學期刊，一本是月旦法學雜誌，一本是台灣本土法學雜誌。兩本雜誌的主要訂戶都是學生，故其內容的編排與篩選上，都是以考試爲導向。例如月旦法學有「法學教室」這個單元，而台灣本土法學則有「實例演習」這個單元。這兩本雜誌幕後的老闆，其實是法律補習班，月旦法學的老闆是高點補習班，而台灣本土法學的老闆則是保成補習班，現今已經被其他出版社買下。目前，雙榜補習班似乎也已經蠢蠢欲動，在二〇〇一年國考時在考場已經開始散發試刊本，宣稱他們也將出版一本自己的法學雜誌。而另一家非補習班而是專出、專賣法律書的神州書局，則是在二〇〇一年十月，正式販賣它們的「法學講座」雜誌試刊號，十一月則正式發行創刊號。先看看法學講座的發刊辭。

「……或許有讀者要說，坊間的法律補習班對於龐雜的資訊都有匯集了各式各樣的「重點整理」、「精讀摘要」，在此容我們大膽的請問，您知道這些資料是由誰執筆的嗎？這些分析、整理有無扭曲原作的本意？更重要的是，很少有編者敢具「眞名」以示負責，接受檢驗！」「……爲此，我們邀集了許多目前正在各大學法律系任教的教授，以及多位正在國內外大學博士班攻讀，學有專精的博士候選人加入我們的行列，定期供稿。他們將以流利通順的筆法，參考國內法學資料，將諸多繁雜、令人生畏的法學概念以體系化的方式——爲您整理、分析。」

發刊詞中提到補習班替考生整理資訊的出版品，除了指補習班所出的參考書外，還包括高點補習班出的「法觀人」雜誌。高點的法觀人雜誌完全是將自己定位爲考試用雜誌，在內容的設計上，是由他們自己補習班的老師，針對歷屆國考或研究所考試的試題，提供解答，或是整理某校法律系某老師的學說。所以，它並非是學術性雜誌，只是單純提供考試資訊的雜誌。法學講座的編輯就是批評這些補習班的出版品（包括參考書與法觀人雜誌），並非由學者執筆，可能會出現錯誤，看起來與法觀人雜誌較勁的意味很濃。不過法學講座經營不善，每個月花大錢向老師邀稿，卻沒有足夠的訂量，目前已經停刊。

這裡出現的一個問題是，由學者替考生整理複雜的考試資訊，的確是較有品質保證，但是，學者應該這麼做嗎？

沒錯，學者既然身兼教學者的角色，爲學生寫本教科書或是介紹性文章，無可厚非，也值得鼓勵。但是，我們台灣的法律學者是不是花了太多的時間在替考生寫這些文章？我們台灣是不是有太多的法律學者投入這個工作？或者，就算要寫，是不是也不該以學術之名包裝、販賣？

我們再看看台灣本土法學在其網頁上[2]的說明。

「……四、基於鼓勵本土法學研究之創辦宗旨，本刊所登載著作，以研究台灣社會法治變遷過程中可能發生的本土問題爲範圍，凡是純粹介紹或翻譯性質的外國法研究，或僅是外國法編輯整理之作，不在本刊登載範圍之列。」這樣的說明出自編輯之口，再度印證了台灣的法學研究很多都是在做介紹、翻譯外國法制的工作。

看起來，台灣本土法學雜誌，對自己的定位上，認爲是屬學術性的，而且再三強調是研究台灣本土的法學議題。可是實際上，他們還是設計了實例研習的單元，供老師替學生整理學說爭議與表明自己立場之用。

我曾經訂過該雜誌一年，還記得當初在世貿的展覽會上推銷員是這麼跟我說的：「今年律師、司法官的考試，很多題目都是來自我們這本雜誌耶！而且我們還有設計實例演習的單元，也是爲了讓你們學生準備考試之用。」這與他們網頁上設計實例演習單元的說法有所出入，網頁上看起來提供實例演習只是爲了讓學者在書寫上有最大的彈性。實際上，台大法律系某教授在他所開設的實例演習課上，總是會跟學生說，期末考的解答，會刊在台灣本土法學的實例演習單元上，這更證明了實例演習單元之設立，學術性的價値不高，眞正的用意是爲了招攬廣大的學生消費族群。還記得我不續訂後，他們的小姐打電話來問我爲何不續訂，我說我覺得你們的雜誌太考試取向了，那小姐很訝異地說：「可是這就是學生喜愛我們雜誌的主要理由啊！」

【2】http://www.taiwanlaw.com.tw

至於國內最暢銷的法學雜誌月旦法學，同樣設計了「法學教室」的單元，提供老師替學生整理學說爭議並表明自己立場的園地。發表在這種法學教室或是實例演習單元中的文章，雖然偶也有學者自己獨創性的觀點，或甚至採用新的思考模式，不過大多都是整理前人見解並表明自己立場。不少國內知名大學的法律系教授，都是這些單元的長期撰稿人。可想而知，這樣的兼差工作，或多或少占去了他們學術研究的時間。

不過，也可能占不了他們多少時間。因爲這些文章大部分的篇幅都是整理介紹，許多教授都會交給自己的研究生助理撰寫初稿，自己最後再加上個人立場，就這樣完成一篇又一篇的文章。

除了法學教室或實例演習這類單元外，其他的單元對台灣法學界也偶有負面的影響。法學界其實不乏論文發表園地，各校的學報和公、私機關的學術性雜誌、介紹性雜誌爲數本已不少，加上本章所介紹的法學雜誌，發表的園地更多。各個雜誌的編輯，爲了確保有足夠的文稿來源，偶會針對特定議題設定爲「本月企劃」或是特別邀稿（例如月旦法學、全國律師、律師雜誌等雜誌都有本月企劃單元），使得很多教授的文章，是在雜誌編輯的邀稿下才開始撰寫的，這樣的急就章，未經深刻的研究，只是爲了寫而寫，實在難有什麼創新、突破，最後爲了滿足一篇文章高於一萬字的最低要求，又使得大部分的篇幅淪爲介紹、整理、翻譯。

是故，一稿多投的現象也就屢見不鮮。

雖然，文章中大部分整理、介紹的部分，可交代研究助理代爲撰寫，不至於花去教授太多的時間，但是畢竟是當作論文發表，教授多少還是會投入時間稍作品管，同樣造成台灣法律學者浪費時間在「無創新」的學術作品上。

政大法研所博士班學生蔡達致在其〈我國法學教育與研究成果〉一文中，做了一個統計，全國各校法律系的專任教授中，三年來（一九九七年八月至二○○○年七月）沒在國內法學期刊發表任何作品的，占了全部人數的三分之一。這樣的結果顯示出，台灣的部分法律學者，不太用功。他說：「要說我國沒有法律學術可言，大概不會差到哪裡去，至少對了三分之一。」不過請大家注意，他是說「至少」，意思是說其他三分之二也未必稱得上是學術研究，因爲那些發表的作品有不少都是翻譯型或是介紹整理型的文章。

留學國之爭

台灣的法律因為是經由日本間接繼受歐陸（德、奧、瑞為主）而移植過來，在學術研究上必須追本溯源，因而法律學者的留學國，多以我們的母國為主。母國之一的日本，是早期較多學者留學的國家，但也有想跳過日本的翻譯直接回歸祖母的懷抱，而到歐陸留學的。這之中，又以德國高等教育免學費的政策，成為中期較多學者選擇留學的國度。另外，因為美國文化的強勢入侵，與英語學習上的方便，加上美國法學的進步快速，也有愈來愈多人選擇留學美國。

以法治斌教授於民國八十五年間所做的分校分科抽樣調查為例，五十名抽樣選出的各校各科法學教授中，有十六位留學美國，十三位留學德國，十位本土博士，六位留學日本，法國三位、英國兩位。可概見我國法律學者留學國的背景，相當多元。

學者留學背景多，對於不同文化知識的激盪，是有好處的。可是，也有一些壞處。

由於學者來自不同的留學國，因而使得法學界無法達成共識，約定出共同的學術語言。往往，不同的國家，有不同的法律體系，在解決一個相同的法律議題時，會在自己的法律體系中找出一個解決方式，最後，即使三種體系的處理結果一樣，但說理的過程卻可能不同。從不同留學國回國的學者，在論述一個法律議題時，都會習慣地用自己留學國的那套體系，來處理當前的問題。

這種直接引介外國法制的模式有三個問題。首先，由於整個法律制度是環環相扣，是基於當地特殊的政經、社會、歷史背景而生，只在特定議題上引介外國的法律制度，或許當地運作的很順利，拿到我國來卻未必，許多學者似乎都忽略了這點，而一味為文引介並加以鼓吹。其次，學者在寫作引介外國制度後，大都會鼓吹認為應該用在我國，但是卻忽略了我國的法律制度與外國還是有點不同，並非透過學說解釋的方式，就可以套用了，例如台大法律系教授邱聯恭就常在課堂上譏諷這樣的學說是「國籍不明的學說。」

最後，同一個法律議題，學者在討論時，卻是用三種不同的留學國制度在討論，寫作上也總是在中文名詞後加括弧，裡頭寫上日文、德文、英文，三個體系可能都有某法律原則可以處理台灣當下的問題，而來自不同國家的不同原則則可能彼此範圍有所重疊、功能可以替代，但是無法相容，這使得法律學者在討論時偶會發生誤會的情形，一旦發生誤會，學者又會寫一篇更長的文章把該制度的來龍去脈講得更清楚一點。這些是學界討論時很大的溝通成本。

舉個簡單的例子。如果你常看美國電視影集「律師本色」、「艾莉的異想世界」，或者一些美國的法庭電影片，可以看到美國的訴訟制度是兩造的律師主導訴訟，法官不會介入太深，長久以來大家都習慣把美國的這種兩造對辯、對抗的訴訟制度稱為「當事人進行主義」的訴訟制度，而把台灣的刑事訴訟制度稱為「職權主義」的訴訟制度。不過，一些留日的民訴學者歸國後，卻強力主張「當事人進行主義」的用法根本不對，應該改為「當事人主義」才對，當事人進行主義只是當事人主義下的三子主義之一。而留德的刑訴學者，有的認為不應該事事皆呼「主義」，而該改名為「原則」，有的也接受了留日學者的看法，但只接受一半。留美的學者則認為這種名詞之爭毫無意義，事實上當事人進行主義這個用法還比較能讓人從字面就猜出訴訟的構造，而仍採用原本的用法。

這就是一個浪費時間精力在無意義名詞爭執上的好例子，花了這麼多溝通成本，卻沒有任何實益，唯一的功能就是要學生通通背下來，看哪個人出題就寫哪一個名詞。不過這個只是名詞之爭，另外一些起於制度不同卻功能相似的法律概念的紛爭，更是層出不窮。

大法官的判決中有個好例子。早期大法官或學者在對法律作違憲審查時，已經形成共識採用德國學界發展出來的「比例原則」，但是大法官卻在釋字第三八四號，天外飛來一筆採用了美國的「實質正當法律程序」，殊不知其實兩個原則各在其來源國內扮演了類似的功能，只是範圍大小略有差異罷了。經過留美學者的糾正後，大法官在後續的判決中，把「實質」兩字省略，繼續使用「正當法律程序」，但是仍然沒有解釋爲明明用德國的「比例原則」就可以解釋同樣的事情還要引進美國的制度？另外，在刑事訴訟程序上，員警的筆錄可不可以直接在法庭上拿來當作證據使用，在德國是透過「直接審理原則」處理，而在美國是拿「傳聞證據法則」解決，兩者的功能類似，但略有差異。結果歸自兩國的學者在相關問題的討論上，似乎都不接受對方國的說理。

不同留學國的學者，都很堅持自己國家的模式，這或促成文人相輕的現象，但這樣至少我國的法律制度能夠維持原味；如果兩國學者彼此妥協，其結果卻是把兩國制度，東拼西湊、剪剪貼貼，而出現不倫不類的法律制度。例如以一九九九年新制定的行政程序法來說，當初的草案委託計畫主持人翁岳生（當時爲司法院院長），爲了綜合各國的學說制度，避免掛一漏萬，招攬了不同留學國的年輕行政法學者共同研究，包括美國、德國、日本等國家，擬訂出來了現在的草案。結果我們發現，制定出來的行政契約法，就是融合了德國與法國兩國的制度，在行政契約的定義上，採用了德國的法制，但在行政契約的效力上，卻採用了法國的法制。令人質疑的是，法國的行政契約根本與德國的行政契約是指完全不同的兩件事，毫不相干，爲何學者可以將兩者分別截頭去尾，硬兜在一起，然後還覺得可以相安無事？！另外，同法對於行政命令的控制上，也有一樣的問題。大法官經由許多判決，在立法院授權給行政機關制定行政命令時，要求這樣的授權必須符合德國發展出來的「授權明確性原則」，也就是說授權的目的、範圍、內容要具體明確，且在這次的行政程序法中予以明文規定。而這次立法對於行政命令的控制程序上，另外採用了美國的聽證程序，而且學者似乎都還沒注意到：美國因爲在要求嚴格的聽證程序後，已經容許了極度廣泛和模糊的授權，而我國的德國、美國學者居然聯手出擊，認爲這樣才是對人民最大的保障！

對學生來說，這是很痛苦的一件事，學生看不同留學國背景的老師的文章，會看到不同國家的法律體系，這些不同的法體系，對學生而言，是另一種型態的甲說乙說，同學爲了考試，不但得把相關的法律體系運作背下來，最好還背一點日文、德文、英文，然後在作答時視出題老師是哪一國的就寫哪一文，企圖正中出題老師下懷，爲自己的作答加分。

三種不同的留學國，某程度也形成了門派鬥爭的導火線。社會科學界慣見的各校教授各擁山頭的景象，法律學界也沒缺席，而法學界除了以學者當初自台灣畢業的法律研究所作爲族群歸類的因素之一外，另一個很簡易的歸類方式，就是看學者的留學國。例如以強調英美法教學的東吳大學法律系，長年以來就存在著留美派與留德、日派的鬥爭。

在傳統的法律科目中（例如民法、刑法），或因當初法律繼受自大陸法系國家，或因後來注釋的學者已慣於直接將大陸法系中某外國的學理套用於我國，所以在此種科目的教學或討論上，形成了強烈的本位主義現象。不少德日學者都認爲留學英美的學者不適合教授刑法或是民事訴訟法，因爲他們認爲整套法體系或是討論的學理差距太大。例如台大法律系某留美的教授，就一直被留德的老師阻止教授刑法，而只能於夜間部開授刑法課程。

由於學者們的本位思想太重，不同留學國的學者在討論問題時，往往討論了半天，還是各唱各的調，講的都是自己留學國的法律，很難達成共識，造成法律的改造速度緩慢，一些爲人詬病的怪法（惡法），就因爲留學國背景所造成的學說歧異，而遲遲無法形成共識推動修法工作。

法律博士（J. D）與法學博士（S. J. D）的區別

留學美國念法律者，會念兩種主要的學位，一種是S. J. D學位，這種學位算是眞正的法學博士，念之前必須先念L. L. M，可翻譯爲比較法學碩士，念完L. L. M後，再申請S. J. D，也就是法學博士，需要撰寫博士論文，但可修較少課程。

另一種學位，則是念J. D，眞正的美國人，通常必須在大學先念另一個學位，才能來念法學院的J. D，在台灣可翻譯爲學士後法律系。念J. D不需要撰寫論文，但需要修三年的正式法學院課程。

雖然法律界人知道S. J. D和J. D的區分，但是過去一直沒有比較好的翻譯方法。但是最近我才了解到，大陸現在有法律碩士和法學碩士之分，所以，也許借用類似的用語，J. D應稱爲法律博士，S. J. D應稱爲法學博士。

過去台灣不少留美的教授，有的拿的是J. D學位，近來大多的留美教授，則多是拿S. J. D學位。之所以晚近學校大部分只接受S. J. D.學位者，因爲他們才眞正受到碩士論文、博士論文等學術訓練，而拿J. D學位者，可能未受到學術論文寫作訓練。

不過，部分J. D學位者，在出國前已在台灣念了法學碩士，或者在美國也念過L. L. M，曾受到碩士論文寫作訓練。所以，他們已有論文寫作能力，再去美國念三年完整法學院課程，回台灣後從事教職，也仍然能夠做出非常優秀的學術研究，而受到法學界肯定。

相對地，有些J. D學位者，若在台灣和美國都沒有寫過任何一篇學術論文，回台灣卻被當成博士並被聘爲大學教授，久了以後大家難免發現，這位「博士」似乎不太會寫學術論文。

但是J. D學位者也有長處，他們對美國法的案例發展、法律訴狀寫作，受過紮實的訓練。因爲，法律訴狀寫作和判決搜尋，是美國法學院必上的課程。但是，也許有一些留美J. D誤以爲法律訴狀寫作和判決摘要，就可以當成法學論文，這就是因爲沒有受到學術論文寫作訓練。當然，只要有心的J. D，就算過去未曾受到學術論文寫作訓練，但只要在台灣投稿學術論文，多碰壁幾次，多被論文審查人批評幾次，自己慢慢摸索並請教其他教授後，大概也可以掌握學術論文寫作的方式。

相對來說，S. J. D也許自認爲自己受過專業學術論文訓練，但在比較法的研究，尤其針對美國這種判例法國家，要研究其法律還是應該多閱讀該國的法院判決。但有些S. J. D也許過度強調學術理論發展，而不屑於基礎判決的閱讀與分析，那麼寫出來的文章，有時候則感覺有點過度理想而流於空洞。

總而言之，我認爲S. J. D學位和J. D學位各有優劣，所受到的訓練也各有不同，但兩批學者不應互相輕視，而應彼此學習對方的優點。

但是不論是J. D還是S. J. D，兩者卻都瞧不起台灣的本土博士。台灣學界普遍存有一種嚴重歧視，認爲唯有眞正留學德國、日本、美國者，才能眞正做好比較法之研究。並認爲台灣本土大學自己訓練出來的博士，無法看懂外文，而無法做比較法研究。

我本身是台灣大學法學博士，我的學長學姐們，對外國法之判決、學術文獻均有一定程度的掌握，也都能寫出對外國法實務與理論非常精闢的研究，但是在某些留學菁英主義者眼中，卻無法認同我們的努力。這種欠缺反省之歧視，大概也託台灣之自卑而產生之自大所致。老師在學校教學生何謂公平正義，但自己卻充滿偏見歧視而不自知，令人遺憾。

比較法研究不是要全盤繼受

我自己是台灣大學本土法學博士，擔任大學教授至今，也超過五年了。十年前我寫本書第一版時，批評台灣的法律學者都在做翻譯工作。但是回頭檢視這幾年我自己的研究，其實我投稿上比較好的期刊論文，很多也都是在做翻譯介紹工作。當然，這是因為前面所述，法律學界採取的標準，就是看你是否介紹得夠完整、夠清楚，引用外文文獻是否夠多。要投上好期刊，就必須迎合這樣的口味與標準。而且因為有所謂的六年升等條款（助理教授六年內必須升等副教授）。年輕的助理教授又必須在短時間內有夠多的論文發表，才能夠成功升等。因此，想要順利發表更多的論文，我也不免地被法律圈的風氣同化，寫了不少翻譯介紹型的論文，因爲通常這種論文較能夠順利投稿上較好的期刊。

雖然我的論文跟法律圈大多數學者的論文一樣，都是翻譯介紹型的文章。但是，我翻譯介紹美國的制度或理論，不一定表示我認同美國的制度。在思想上，我雖然研究美國法，但我不一定認同美國的實體法，相反地，我喜歡研究美國學者的反對理論，看美國學者如何反對他們自己的法律制度或判決。因此，我雖然研究美國憲法，但我更愛研究美國學者如何反對美國的大法官或法院判決。同樣地，我雖然研究美國智慧財產權，但我也喜歡研究美國反對智慧財產權過度擴張的學者提出的批判理論。甚至，美國人對台灣施壓，希望台灣修法擴張智財權保護，但我更喜歡研究美國限縮智財權的一些制度。我認爲，如果要引進美國制度，應該連限縮智財權的制度也一併引進，而非只是引進擴張智財權的制度。

我自己寫翻譯介紹型的論文，在介紹完美國理論與法院判決後，最後一節，會比較一下台灣的法條、判決，比較美國與台灣的差異。通常我會突顯這個差異，至於那個國家比較好，則是見仁見智。之所以要做比較法的翻譯介紹研究，是讓我們更充分了解外國的法律制度，以及學說理論。但必須掌握一個根本，就是外國的制度不一定比較好，理論也不一定是對的。但國內一些教授在寫論文時，常在翻譯介紹完外國制度後，結論就是台灣法條也應如此解釋，或台灣法院也應如此判決。這樣的論文，似乎不是在比較台灣與外國的差異，而是想把台灣直接當作外國的殖民地。

本土議題的發掘與耕耘

除了翻譯介紹型的論文外，這幾年來，我也寫了一些品質較差的法學論文，純粹探討台灣議題，投稿二流法學期刊。由於探討的是純粹台灣的議題，外國可能沒有這樣的問題，所以沒有太多外文資料可以引用參考，因此，就法律學界的標準來看，如果沒有引用外文文獻，論文就是比較差的論文。

其中，我寫較多的主題，是探討這幾年來對台灣各大學系所造成研究困擾的評鑑制度。在此簡單說一下我的研究心得，台灣評鑑制度是學美國的認可制，但美國的教育部因爲平常不管各大學的發展，故才發展出評鑑認可制。但台灣教育部對各大學系所本來就無所不管，爲何還要另外發展出評鑑制度？而且，美國在評鑑制度下，爲了符合評鑑要求，學校支出不斷上漲，學費因而也不斷上漲。但是，台灣教育部卻對大學學費做嚴格管制。既然不准學校漲學費，學校哪有經費去滿足評鑑的各種要求呢？諸如此類，在不了解其他國家制度與配套環境的情況下，就貿然引進的評鑑制度，造成各大學系所很大的困擾。甚至，評鑑制度還搭配強迫減招，更是一種人權迫害。

我寫了好幾篇批評評鑑制度的法學論文，但引用的外文有限，因爲我們的教育部雖然號稱學習美國評鑑制度，但根本沒有搞清楚美國的制度細節。而且，發生在台灣的評鑑運作，可說是全球特有的，例如在評鑑標準不明之下，評鑑委員隨意以個人內心標準要求各校，又例如教育部搭配評鑑制度而來減招制度，都是台灣獨有。我在批評台灣的減招制度時，去翻譯介紹美國的制度，對討論沒有太多幫助。

而這種本土議題的研究，有時候可能是對台灣非常有意義的研究，但因爲前面所述，法律學界因爲學術殖民的背景，否定這種研究的價值，尤其年輕的助理教授爲了升等，更不敢亂寫這種過多個人見解的文章，而傾向寫翻譯介紹型的文章，而使得某些本土議題受到忽略漠視。清大退休教授彭明輝呼應，希望年輕的助理教授升等到副教授，沒有升等壓力後，可以不再甘做其他國家的學術殖民地，而多關心台灣的本土議題。這樣的呼籲非常誠懇而重要，不過，他已經是退休教授，才可以大膽如此主張，但身處學術圈的晚輩，在有升等壓力的情況下，只能先求自保。

最後，我說一個台灣本土的有趣法律問題爲例。台灣教師法第十四條規定，教師行爲不檢有損師道，經有關機關查證屬實後，學校可將之解聘或不續聘，並且終身不得任教。我在以前任教的學校，校內有一個老師發生性侵學生疑雲，被學校解聘，該老師就跟學校進行訴訟。當時我擔任學校法律顧問，必須站在學校立場，和該老師進行訴訟。但我個人是同情這名老師的，因爲我們應該給每個犯錯的人有改過自新的機會，但教師法第十四條卻規定，一旦老師犯錯被解聘，就終身不得任教。

雖然最後我替學校贏了訴訟，但我在良心上，覺得教師法第十四條是一個非常有問題的條文。何謂「行爲不檢有損師道」？我認爲違反法律明確性原則；被解聘就終身不得任教？我認爲違反比例原則。因此，二〇〇九年，我寫了一篇二流論文，投稿二流期刊，批評教師法第十四條。論文發表後，我至少接到三位老師打電話或寫信給我，尋求協助，因問他們正面臨行爲不檢被解聘的命運，問我該如何訴訟，可提出何種抗辯。至二〇一二年，大法官作出釋字七〇二號解釋，宣告教師法第十四條雖然不違反法律明確性原則，但「終身不得任教」的規定，違反比例原則，宣告其違憲。

在二〇一二年以前，全台灣發表論文質疑教師法第十四條違憲的論文，就只有我那一篇論文。我自己眞正的專長是寫美國憲法與美國智慧財產權，在目前爲止發表的近四十篇論文中，都沒有人打過電話請教過我相關問題，因爲翻譯介紹型的論文，對台灣本土議題可能沒有太大幫助。唯獨這一篇寫教師行爲不檢的二流論文，似乎迴響比較大。從學術角度上來看，它是一篇二流論文，但從價值性來看，卻是台灣本土的重要問題。

Chapter 8

王牌大騙子——法學新領域與新方法

Hi, I am a liar. Oh no, I am a lawyer.
（嗨，我是個騙子。喔，不！我是個法律人。）

金凱瑞《王牌大騙子》的橋段

民國八十九年，我大三升大四的寒假，參加了公平交易委員會所舉辦的學術研討會，研討主題爲四C產業與公平交易法的法律問題，是個蠻新穎的領域。那次研討會所發表的論文，主要是公平交易委員會所委託的研究計畫的參與學者，將自己目前所做的成果，做成一個期中報告，寫成論文的格式，發表出來。

那次研究會所謂四C，指的是有線電視（cable）、網際網路（cyber）、電信（communication）、電子商務（commerce）。這四C都是近十年來因爲科技進步所發展出來的新科技，整個社會的生活方式、交易型態，也隨著這些新科技的產生而有所變動。那麼，法律也不能與社會脫節，面對這些新科技所引發的新利益衝突，必須有人出來制定出新的遊戲規則，以讓相關的廠商、消費者，知道遊戲該怎麼玩。

所以，法律人又要出來說話了。

公平交易委員會爲了推動這四C產業研究，分別設立主題將研究計畫委託給相關法律學者。但是，顧及到這些法律學者可能連最基本的：網路是怎麼運作的？電信產業是怎麼樣環環相扣？都不了解，所以在發包時，都是同時發包給一個法律學者、一個理工學者，讓科技學者從旁教導這些法律學者，告訴這些法律學者，究竟網路是怎麼運作的？電訊是如何傳遞的？至少，這樣的安排，可以避免法律學者寫出太多的門外漢用語，免得讓外界譏笑這些法律學者連一些基本用語都可以搞錯，還敢出來自稱是專家、甚至建議制定相關的法律規定的窘境。

的確，這樣的安排有達到它的效果，研討會所發的書面資料中，一半以上的篇幅，都是告訴你一些相關科技運作的基本說明，而這些說明你在理工科系的入門教科書中都可以找到。

那次報告的法律學者，與平常他們頂著法律人的光環在外面演講的態度相較，顯得異常的謙虛。他們每一個在口頭報告的一開始，都花了一點時間，告訴大家，他難得有這樣的機會，可以跟理工科系的學者一起從事研究計畫，實在獲益良多。他從另一位學者身上，學到非常非常多相關科技的運作，令他耳目一新，他也實在很感謝公平交易委員會委託他做這樣的研究計畫，給了他學習的機會。

當然，研究計畫的另一爲理工學者，也一樣告訴大家，他在共事的法律學者身上，也學到很多法律知識，是他之前都不知道的。

似乎，當天的研討會沒有討論出什麼法律的共識，但是很諷刺的，與會的法律人卻形成一個共識，那就是：法律人實在應該多了解科技，才有資格做科技相關法律的研究。

台大法律系王文宇教授當天應邀擔任講評人，講評一篇網路法的文章。王教授在講評時，說了一段隱喻深遠的話。他說，有人告訴他，世界上的法律有兩種，一種是法國型的法律，一種是英國型的法律。法國的農夫比較多，農夫比較笨，所以法國的法律是執政者制訂出來管理農夫的，農夫只能乖乖地服從法律。而英國的商人比較多，商人比較聰明，所以英國的法律是商人與政府討價還價後制定出來的。王教授說，如果我們法律人不懂得最基本的網路是怎麼運作的，不懂理工學者的研究，我們可能就像是法國的農夫，被理工學者用一堆炫麗的專有名詞給淹沒，被他們騙都不知道。

不過，就我自己的觀察，法律人不但沒有因爲不懂理工術語而被理工學者騙，他們不但沒有因爲自己相關知識的底子弱，在與理工學者專家共事時，因心虛而少話。相反的，他們很多話，而且還照樣寫了一篇又一篇的法律論文，每一篇都超長。

這是目前法律研究領域不斷擴大的現象之一。以下，我會開始說明爲何法學研究領域會不斷擴大，以及這樣的趨勢背後有什麼隱憂。

法學新領域

剛剛說過，當天的研討會所發表的論文書面資料中，有幾篇一半以上的篇幅是在解釋相關科技的基本運作。法律學者在報告中花了那麼大的篇幅告訴你這些東西，代表著他已經知道這些東西了，寫出來是告訴你他知道了。這點也算是法學界的陋習之一，也就是他們的文章有許多東西寫出來，只是想跟你講說他懂，但是其他學科可能直接用文獻回顧的方式就跳掉那一段，替期刊省掉紙錢。

這個現象可以突顯出，法學者對於法律所規範的事項，其實有許多他們是不懂的，而他們不懂，他們卻因爲有法律而硬要進行所謂的研究，大概不會有什麼好的效果。

許多法律學者，因爲研究新興領域的法律問題，被外界捧爲專家，常被企業界、政府機關或學校邀請。他們去演講時，通常都會先問台下聽眾的背景。如果台下的聽眾是法律背景，他們就知道，待會自己要是說錯，反正台下的法律人欠缺相關背景知識，聽不太懂，所以比較可以放心地說。如果台下的聽眾不是法律背景出身，而是相關領域背景出身，那麼他們就會比較小心，因爲自己不能亂說，一亂說就會很快地被發現自己「沒料」，連最基本的相關知識都說錯還談什麼法律規範，還說什麼自己是專家。

例如不久前我聽了一場關於公司併購的演講，主講人是某校法律系公司法、證券交易法的專家。他一來，就先很親切地向台下聽眾們詢問：「你們是念法律的嗎？」台下的觀眾大多是來自商學院的各系所，念法律的只有小貓兩三隻。「這樣子啊！不是念法律的就比較不好騙了。」看來他頗幽默的，還會自我調侃。進入主題後，他就開始介紹最近將要通過的企業併購法的草案內容，然後開始告訴大家各種企業併購的型態及可能出現的法律問題。講述過程中，他講錯了股東會的輕度特別決議與重度特別決議的投票門檻，而且還不只一次，看起來不像是口誤，令我對他的法律專業能力起了點小懷疑。

不過，他後來繼續說到這個法的某些政策目標與其背後立法委員利益團體的運作等等內幕，讓我這個法律人又開始覺得，他果然是專家。而且，他最後還告訴台下的觀眾：「公司都會做假帳來避稅。」有怎樣的避稅手法？帳要怎麼做？他講的天花亂墜，我也開始露出敬佩的眼光，之前對他所起的小懷疑都一掃而空。會後，我和幾個學商的同學一起交換心得，我提到主講人剛剛把一個很簡單的法律制度說錯，讓我一度懷疑他的專業能力，不過後來聽到他講公司做帳的那一段，又覺得這場演講有所收穫。會計系畢業的同學馬上告訴我，那段做帳的部分對學商的來說是超級簡單，而且即使是這麼簡單，主講人還是講錯了，他們反而是聽到做帳那一段才覺得這個主講人沒料。「是嗎？」我發現我這個法律人又被法律教授賣弄其他專業知識的片段所欺騙，再度被這些漂亮的包裝、點綴而遮蔽我的眼睛。我有點不相信的問：「做帳那一部分對你們學商的來說有多簡單？」他們冷冷的回答：「大一就知道。」

主講人果然說得沒錯，法律人比較好騙！

蘇永欽教授說到台灣法學研究的發展：「風起雲湧的社會運動，以及八十年代成爲主調的經濟、社會立法，使勞工法、環保法、經濟法與社會法也登堂入室成爲正式法律領域。」意思是說，社會不斷在變，因而產生許很多新的遊戲規則、社會制度，而這些遊戲規則、社會制度，都是以法律的面貌來呈現。一旦他們轉換成法律的面貌，法律學者就會馬上跳進來說，這是法學研究的範圍，而我們是專家。

可惜的是，法律學者能做的研究，頂多是介紹外國的制度，外國學界的討論，卻根本沒有能力對該法律所規範的議題，做實質的研究。例如，最近很熱門的公司治理議題，法學界不少學者在寫文章，引進這個概念，或介紹外國的制度，每個都講得頭頭是道。但是說穿了，他不過是在介紹。而你只要去翻翻企管所的碩士論文，就會馬上發現，他們所研究的公司治理，早就已經不是在介紹哪一種制度如何如何了，他們覺得法學者所介紹的公司治理工具只是基本的知識，他們早就更進一步的設定模型，去分析可能的董事與股東的互動，或是拿出資料，分析各種不同治理方式的績效。法學者的悲哀是，他們是井底之蛙，他們還停留在介紹各種制度的階段，而沒有能力做實際的研究，不但如此，他們可能連那些企管所寫的碩士論文中用到的數理模型、計量方法都看不懂，所以只好裝作沒看見（可能眞的沒看見），自己繼續在自己的小圈圈裡討論，劃地爲王。

因此，每次一有新的議題成爲法律規範的客體，法學者就會跳進來說自己是專家，但是實際上卻無法對該議題做有貢獻性的研究。蘇永欽教授在〈台灣的社會變遷與法律學的發展〉一文中說到：「法律學者也欣然發現，當新時代的政治比從前更依賴法律工具，而他們正好擁有精通法律語言的優勢時，放棄這種優勢是何其不智。」意思是說，法律學者之所以可以這樣肆無忌憚的開疆闢土，哪兒有新制度，就說哪兒是法學研究領域的一環，唯一的原因，就是因爲所有的制度、遊戲規則都是以法律文字寫下來，而法律學者掌管著操弄法律文字的能力，是其他學科的學者較不熟悉的，所以法學者講話才會那麼大聲。

當其他的學科已經做了很多研究，但是主宰法律制定的法律人卻看不懂他們的研究，或是不了解那個行業時，就會有很大的危險。其中，對社會最大的影響就是，明明其他學科已經辯論到第三層或第四層的深度了，而法律學者才跳進來討論第一層（最基本的現行規範與外國規範）的問題，而又因爲制定法律、修訂法律的工作，目前又多是由法律人包攬，會使得其他學界做了那麼多的研究，都白費了。例如以大學組織管理和行政爲題，不論是教育學者或是經濟學者，都已經在探討怎樣的大學權力結構，會產出最好的學生或研究成果，或者最有效率，但是法學者還以爲教育法是一片新興領域，開始寫文章介紹美國和日本對學校的規範等等，我想，對教育學界的人來說，一定只能仰天大呼無奈吧。

當然，我並不是主張法律學者只能縮在傳統法律領域，不該跨到新興領域去，而是認爲，如果法律學者眞要跨進其他的新興領域，就該熟悉那個領域的運作、遊戲規則，以及想辦法去讀懂他們既有的研究成果。如果眞的沒辦法讀懂，那麼最好還是謙虛一些。例如，許多財金、企管、市場等研究，早就已經用了大量的數理方式來研究，一個負責的法學者，除了搞清楚他們的遊戲規則外，也應該去看懂他們的研究成果。可惜的是，國內的法學者似乎都不具備這樣的能力。

新研究方法

在倡言所謂跨科技研究時，誠實面對自己先天的或既有的局限，並且，在做出任何教學研究承諾之前，看清極待突圍之處，免得承諾落空，或許是重要關鍵之一。

劉靜怡：〈是科技？是法律？還是科技法律？〉

一個嘲諷經濟學且常被經濟學者提出以自我反省的笑話是：如果你教一隻鸚鵡說「供給」和「需求」，那隻鸚鵡就可以當一個經濟學者。這個笑話有點太過誇張，它本意應該是想要突顯外界對經濟學的誤會，經濟學並非只是「供給」和「需求」的名詞堆砌。可是如果把「供給」、「需求」換成「成本」和「效益」，這個笑話可以改寫成：如果你教一個台灣的法律學者說「成本」、「效益」，他就可以當一個法律經濟分析學者。

不太好笑！但是絕不誇張。

目前國內的法學者有接觸經濟分析的，要不是自稱、要不就是被捧爲法律經濟分析的專家。在他們那些號稱採用經濟分析來作爲研究方法的文章中，可以看到堆砌著許多「成本」、「效益」等經濟學的術語，可是卻看不太到眞正經濟學的分析方法、模型架構、數學運算。這與傳統的法學研究方法，實質內容其實差不了太多。傳統的法律學者（不是指台灣的翻譯型方法），在討論一個法律制度的設計時，多少都會意識到一個好的制度，必須有效率地達到其所設定的目標，而不要浪費太多無謂的執法成本或社會成本，最後在採用這種觀念的思考下，提出一個較好的建議。這樣的法學方法，其實就有成本效益的影子，只是沒有眞正用上經濟學的術語。例如，英國十八世紀著名的思想家邊沁，其所主張的功利主義，就是這類法學方法的創始者。台灣法學界的法律經濟分析專家，所寫的論文，同樣採用這種成本效益的思考角度來想問題，雖然值得鼓勵，但是他們並沒有眞正用上所謂的法律經濟分析的方法，他們只是用比前人更多的經濟學術語來包裝他們的論文。

當然，未必一定要用上模型架構、數學運算，才能叫做是經濟學的研究方法，例如許多時候，經濟學家也只是用經濟學所發展出來的概念，用來解釋、批判一些現象或制度。甚至有人批評，台灣的經濟學界已經走火入魔，認爲凡是經濟學研究就一定要用數學證明，這反而侷限自己的發展空間。例如，美國法律經濟分析學的創始人寇斯（諾貝爾經濟學獎得主），就堅持只用文字敘述，提出經濟學的觀念，來解決法律問題。的確，經濟學的諸多概念與思考方式，是值得推廣到各個領域上的，如果一個非經濟學領域的學者，想套用經濟學的概念來探討問題，卻要求他一定要提出某個數學模型出來，反而是阻礙將經濟思想運用到其他領域。但是，如果只是空唱一些「成本」、「效益」的高調，而沒有仔細專研經濟學的相關研究，或許，可能會誤用這些用語。我們常聽到一個笑話，經濟學家自己用供給需求討論問題時，十個經濟學家，可能就有十一個答案，這顯示了到底哪種制度的成本小、效益高，若沒有透過較深刻的研究計算，答案很可能是錯的。這就是台灣法學界的經濟分析專家們只高唱「成本效益」可能發生的問題。

如果我們翻開美國的法律經濟學的期刊，就會發現他們的經濟分析，是眞正用上目前經濟學慣用的模型架構與數學計算，來探討一個法律制度的優劣。而且，他們也常常用大量的統計學、計量分析的方法，以證明他們的預測。而台灣的法學界，不要說提不出好的分析模型，就連比較不用創意的統計方法，也少有學者能夠運用自如。

台灣的法學者涉獵經濟分析方法的，其實也很想要跟上美國的腳步，但是他們卻有先天無法突破的瓶頸。已故法學教育家李模在其遺著《君子一生》曾說：「新制法學院先選擇才識修養具有較高基礎者施以法律教育，有事半功倍之效，與先受法律教育，然後因「學然後知不足」而再補充各種知識以充實才識者，效果必有不同。」他的意思是說，如果一個人先學了經濟學，再來學法律，往往事半功倍；反之，如果先受法律教育，然後才想要學點經濟學，卻是困難重重。這個現象其實不難理解，一如我在第一章所描述的，法律比起其他學科，進入障礙很低，也不難念（只是難背），但是若要念法律的人去念經濟，如果沒有好的數學、微積分、統計學底子，會念的很痛苦。台灣的法學者遇上的瓶頸就是，他們在學習生涯中從沒有下過苦工眞的把經濟學的相關研究工具（數學、微積分、統計學）學好，到了他們當上學者要提倡法律經濟分析時，卻發現自己可能連眞正的法律經濟學論文都看不太懂，更別說要他們寫點數學運算出來。

國內少數幾個稱得上眞正運用經濟分析的法律學者之一的中研院研究員簡

資修曾說，由於受限於台灣的法學教育背景，他雖然能夠看懂經濟學的論文，但自己在運用經濟學分析方法時，還是顯得力不從心。此外，他更表達出他的焦慮，自他學成歸國以來已逾十年，但是台灣法學界的經濟分析能力，仍然停滯不前。

除了經濟學以外，法學界在借用社會學或者哲學的思考研究方法上，就顯得較爲從容。因爲這些學科的思考與研究，都是以文字敘述呈現，不需要用到太多的數學，對法學者而言（尤其是法理學者），只要願意花時間，不至於太難上手。不過，台灣法理學者在嘗試借用社會科學研究方法的同時，似乎還是難以跳脫翻譯介紹的傳統法律學術框架。

爲何台灣的法律學者這麼欠缺研究的工具呢？國家考試的考試題材、教授的授課方式，都盡教一些甲說乙說、德國說美國說，一副是要大家都當個學者的陣仗，結果呢，反而訓練出來的研究生，背會了甲說乙說，卻沒辦法使用新的研究方法，也沒辦法看懂別人所作的研究成果。這是多麼的諷刺！

問題的癥結在於，法律系的學生，大部分的時間都拿來準備國考、背誦無意義的學說，而法研所的研究生，大部分的時間都拿來學外文，這種教育體系培育出來的法律學者，能做的當然有限，最後頂多只能往釋義學、比較法學去發展。如果我們能放寬考試門檻，讓學生不要背那麼多法條、學說，他們可能就會更有時間來念文學、社會學、心理學、哲學、經濟學等研究工具，自然也能豐富我們的法學研究。

自我防禦體系的法學圈

十多年來，台灣學術社群中其他領域的教學研究者，對於法學教育和研究的表現，似乎仍然難脫封閉而不願對話的印象，這種印象或許失之刻板而不公平，但恐怕也不是毫無事實基礎的空穴來風。

劉靜怡：〈是科技？是法律？還是科技法律？〉

台灣的法律學術文化有個奇特的現象：一方面，他們只要一發現哪個領域有新的法律出來，那裡馬上就會有他們的足跡；但另一方面，他們似乎不希望讓社會科學其他領域的學者，涉足傳統法學領域的研究。這樣的描述不至於太離譜，但是成因為何，卻不那麼顯而易見。以下我試圖勉強提出一些假設，說明這個現象的成因。

或許，法學圈已經建立起自己的威嚴，加上法律人往往覺得自己就是對的（這在下一章會討論），所以可能不願接納其他學者的建議、甚至抵抗他們的侵入。不過，這樣的學術文化，相信絕對不是法學界所獨有，應該是台灣的各個學界共有的文化。畢竟，術業有專攻，要依循傳統的學術之路，本來就不適宜跨入他人的領域。另外，如果台灣的學術在九〇年代以前，還只是辛苦地追趕外國的學術成果，那麼可想而知，學者們花在翻譯、介紹的工作就已經塡滿了他們的時間，沒有多餘的心思進行跨領域的研究。所以，即使法學界並沒有抵抗其他學術圈的侵入，其他學術圈的學者可能也壓根沒有過這個念頭。

我想，一個學門要注入新的泉源，大概少有是外面的人自己來敲門（除了法學界到處去敲其他學門的門是一例外），多數情形，可能是裡面的人，自己打開門來，邀請外面的學科，共同進行研究。

台灣的法學界的問題在於，非但自己不太有能力運用其他社會科學的研究方法，且也不積極地邀請其他學科的學者，共同從事研究工作。

例如蘇永欽教授在他的〈當前司法問題的癥結〉《司法改革的再改革》一文中就說到：「司法改革必須跳出專業主義的巢臼，揚棄「只有司法者才懂司法問題」的傲慢與偏見，學習從人民的角度看問題；再結合社會科學方法，改掉法律學者「改革就是移植更多西洋與東洋制度」的慣性思考，學習從問題出發去找答案。」他的意思是說，司法改革的問題，涉及很多經濟面、社會面、政治面的議題，但是法律學者自己既不懂得其他社會科學的研究方法，也不願意請教其他社會科學領域的專家，或邀請他們共同進行研究，反而只會在那邊說：「我們的制度有問題，因爲不夠美國，不夠德國！」眞是夠了。

L. M. Friedman所著的《法律與社會中》有這麼一段話：「只有在大致是封閉的系統裡，法律人的專業階級方能興盛。……，所以在個人利害關係點上，法律人要保持封閉系統的封閉性質。……假使工程的、醫學的或經濟的訓練，對法律問題能比法律訓練更能解決問題，那麼讓工程師、醫生或經濟學者來做判斷也無不可。在封閉系統裡，機會只屬於受過專業訓練的人，他們才能『正確的』回答法律問題。這意味著律師、司法官以其專業性，或神聖法律系統中的教士、法師、祭師以其神聖性，使他們與一般門外漢分開而有所區別。」[1]雖然Friedman原本說的法律人應該是指律師和司法官，但是這段描述拿來說明法律學者的封閉性，也很合適。

美國有名的Posner法官，在他那本《Overcoming Law》（超越法律，或者戰勝法律）一書中，也描述了這個現象。他說，美國傳統的法律學者，所採用的研究方法，多半只是釋義學的研究，這種研究方法雖然淺薄，但是只有圈內人（也就是法律人）才看得懂，只有法律人才看得懂那些艱澀拗口的法律用語。傳統的法律學者所寫的文章，受到了實用主義的影響，因爲讀者是法官、律師，這些人看不懂運用其他社會科學方法所做的研究，所以傳統法律學者用傳統的釋義學研究法，就已經吃得很開，也不需要去借用其他的研究方法。

直到最近，跨領域的研究風氣，才開始在台灣盛行，例如，政大蘇永欽教授就與統計學的學者合作，對台灣人民的司法認知和滿意度，做了大規模的問卷調查和統計分析。未來會有怎樣的結果，難以預料。至於法學界，目前進行跨領域的，還是非常非常少見。

很明顯地，美國的學術文化鼓勵跨領域（科技整合）的研究，也很強調不同學科彼此合作研究，所以他們的法律學術是開放的。美國之所以法律經濟分析發展的如此迅速、細緻，並非全歸諸於學士後法律（先念經濟學再念法律）制度的功勞，更多時候，其實是那些本行的經濟學者，直接將他的研究目標，鎖定在某個傳統法律制度上，進行研究所累積出來的結果。也就是說，美國的法律學者不會告訴經濟學者說：「這是我們法學界的研究範圍，你們不要進來攪局，讓我們難堪喔！」相較之下，台灣的法學界怎能不汗顏？！

法律文字通俗化

先覺出版社曾翻譯完成出版一本《經濟學與法律的對話》，台大葉俊榮教授在推薦序言中說到，台灣的經濟學者，想以經濟分析的方法來研究法律議題，但是閱讀的讀物是美國學者所寫的法律經濟分析的文章，所以在對法律議

【1】L.M. Friedman，《法律與社會中》，吳錫堂、楊滿郁譯，鄭哲民校訂，巨流出版，第一一七至一一八頁。部分譯語我略作修改。

題的選擇與認知上，可能會有些許誤會，畢竟美國的制度不是台灣的制度，美國的法律議題未必是台灣的法律議題。這段話所透露出的隱憂是：台灣的經濟學者讀得懂美國的法律書，進而看得懂對美國法律議題作經濟分析的文章，但是他們居然看不懂台灣的法律書，沒辦法清楚地認知台灣的法律議題，所以所做的經濟分析會有誤差。

這應該怪台灣的經濟學者嗎？美國的法律學者用英文寫的法律書，他們看得懂，台灣的法律學者用中文寫的法律書，他們居然看不懂，我們要怪的是誰？

這個問題就出在，台灣的法律文字風格太過文言，且許多用語又是外來語，翻譯地無法讓人一看就懂，因而加深了一般人對法律文字的畏懼與陌生。如果，法律文字可以更爲通俗，不要那麼的拗口，不要寫的只讓法律人才看得懂，好讓世人知道，法律不過就是一些規則、制度而已，眞的沒有什麼大學問，那麼其他領域的學者，也就可以更輕易地進入到法律領域，用他們的研究方法，來研究法學問題。

另外，前面說到，律師比人民多知道的，除了關於訴訟程序與訴訟技巧的熟練外，就是他們對法律文字的掌握比一般人熟練許多，律師雖然不能背下所有的法條，但是他們有能力找到相關的法條，而一般人民卻因爲對法律文字的不熟悉而較難找到相關法條。如果法律文字能夠更爲通俗，人民也不用懼怕法律，也就能知道一些簡單的法律問題，根本不用去請律師，他自己就能處理。甚至，法律文字通俗一點（例如民事訴訟法可以不要用那麼多日文用語），他也能自己看得懂法律教科書，自己替自己打官司。如果我們的法律能夠像中國大陸的政策一樣，寫的通俗一點，那麼對人民來說，會是好的。關於此，可以參考蘇永欽教授寫的〈裁判書類通俗化〉一文。

之所以法律文字不能通俗，一方面是律師要用來維持他們的專業形象，讓消費者覺得請律師請得有價值。而法律學者也是要以此來維持他們的工作飯碗，因爲如果法律寫得太通俗，其他學科的學者大舉進攻後，光懂外文和會說公平正義人權的他們，應該抵不過同樣懂外文，也懂得其他各種研究方法的專家。如此，不但在傳統法學領域以外的新興法學領域，那些新興領域的專家們根本不用讓法律學者進來胡扯，甚至其他領域的學者，反而可以大舉侵入傳統法學領域中。

Chapter 9

科舉遺毒——法律人的價值觀

范進不看便罷，看了一遍，又念一遍，自己把兩手拍了一下，笑了一聲道：「噫！好了！我中了！」說著，往後一交跌倒，牙關咬緊，不醒人事。老太太慌了，慌將幾口開水灌了過來。他爬將起來，又拍著手大笑道：「噫！好了！我中了！」笑著，不由分說，就往門外飛跑，把報錄人和鄰居都嚇了一跳。走出大門不多路，一腳踹在塘裡，掙起來，頭髮都跌散了，兩手黃泥，淋淋漓漓一身的水，眾人拉他不住，拍著笑著，一直走到集上去了。

胡屠户上前道：「賢婿老爺，方纔不是我大膽，是你老太太的主意，央我來勸你的。」鄰居內一個人道：「胡老爹方纔這個嘴吧打的親切，少頃范老爺洗臉，還要洗下半盆豬油來！」又一個道：「老爹，你這手明日殺不得豬了。」胡屠户道：「我哪裡還殺豬，有我這賢婿，還怕後半世靠不著也怎的？我每常說，我這個賢婿，才學又高，品貌又好，就是城裡頭那張府、周府這些老爺，也沒有我女婿這樣一個體面的相貌！你們不知道，得罪你們說，我小老這一雙眼睛，卻是認得人的！想著先年，我小女在家裡長到三十多歲，多少有錢的富户要和我結婚，我自己覺得女兒像有些福氣的，畢竟要嫁與個老爺，今日果然不錯！」說罷，哈哈大笑。眾人都笑起來。

清．吳敬梓．《儒林外史》

台大法律系的學長姐學弟妹家族制頗爲盛行，家族可能是一脈單傳、兩脈相傳，也可能是成等差或等比級數增加，最後成爲一個香火興旺的家族。一個家族通常每學期至少都會辦一次家聚，由大二或大三的中堅家族成員負責籌辦，邀約的對象，除了大一的學弟妹，大四的學長姐外，還包括已經畢業的老人們。家族聚會是聯絡感情、分享經驗的地方，大一大二的學弟妹，會趁這個時候多問一些選課上的問題，大三大四的學長姐，也會在分享經驗的過程中，不忘聊一些法學院中老師同學的八卦軼聞。不過，據說近來有學弟妹才大一就開始問國家考試的準備問題，而遭到家族學長姐的制止。此外，感情問題則是學長姐最愛拷問學弟妹的事項，從年紀最輕的到最老的，一個一個慢慢來，誰都不准漏掉。老人們與小孩沒話聊，只好與即將也要變成老人的大四學弟妹，談著考試與工作的問題。不管聊天的話題爲何，即使是令人心酸的回憶，大家也都頗能自我調侃，接受他人的嘲諷，所有人都暫時拋開現實生活中一切的不如意，享受在難得的和樂氣氛中。

可是，有人被冷落了。

其實也不是家族冷落他，而是他不敢出現。

常常，畢業的學長姐，連考了兩年都還沒考上國家考試，就不太願意來參加家聚，他們覺得自己沒臉面對家族成員，尤其當其他成員好意地問：「學長現在在做什麼？」時，他們更是無言以對，覺得自己對不起這個家。爲了避免遇到這種尷尬的問題而不知道怎麼回答，索性，他們根本就不出席，甚至斷絕與家族成員的聯繫，讓家族成員開家聚時找不著他們。不過，要是哪一年讓他考上了律師或法官，他就會自動出現，而且大方地告訴學弟妹自己的現況，並且在家聚結束後搶著拿帳單付帳請客。例如我的家族有一個學長，已經三年不來參加家聚了，還記得我大二辦家聚時，曾經在校園中碰到他，邀他參加，他卻裝著沒看到我似地對我的問話置之不理，然後就走了，留下莫名所以的我。而這樣的劇情，也常聽到其他同學們相同地描述。

受扭曲的價值觀

老師們也會在課堂中抱怨，自法律系畢業了十年，至今仍開不成同學會。之所以開不成同學會，是因爲部分至今仍未考取律師法官的同學，不敢出席，不敢面對其他考上律師、法官或是當教授的同學。就算同學會勉強辦成了，來的也都是那些考取國考而現在社會地位較高的同學，其他的同學，可能就此失去聯絡，永遠不會再來參加了。

許多老師都說過，自己有些同學考了十年，甚至考了十五年，最後才如願以償，不過偶也有聽聞，有人考了十年不中後，最後發瘋或自殺。在目前國家考試錄取率過低的情形下，使得法律界或社會非常重視國家考試，考上了世界都是你的，沒考上你什麼都不是。

長此以往，時間、精力之虛擲故不在話下，個人人格更可能因此被壓抑，甚至被扭曲；價值觀則可能流於自私自利，膚淺短視，著實令人憂心。

法治斌

律師考試是一個「全有或全無」的遊戲。在參加考試前，你可能已經投入了四年的大學學習生涯的時間成本，這得換算成你不去做其他工作的機會成本，以及繳了四年的學費，以及補習費。如果你考上，這一切你馬上就可以開始回收。反之，如果你考不上，你損失的東西，是律師工作的薪水，而律師的平均薪水比起其他工作的薪水要高。你雖然可以接某些法律服務工作，但是比起律師能做的要少太多太多。而且，由於律師的社會地位，讓律師又可以接觸其他的工作機會，例如參與政治活動、公共團體等等，這些都是沒考上的人損失的。

考上律師的人，他在職業上沒有任何限制，只要他想，他可以接任何他想接的案子，好像他什麼都會一樣。沒考上的人，縱使的確有能力提供某方面的法律服務，但是卻因爲缺少執照，能做的工作選擇少很多，社會對其也較不信賴，覺得一個考不上律師考試的人沒什麼用。

就是因爲這樣，所以嚴重扭曲法律系學生的價值觀。從念大學時代起，他們被灌輸，考上律師考試，世界就是你的，考不上的話，你什麼都不是。例如我一心一意想要讀研究所學習更多的法律理論，但是我的父母、我的學長姊，個個都勸我，要我先想辦法考過律師考試，其他的以後再說。這給我的感覺是，難道我考不過律師考試，我這個人就沒價值了嗎？我寫的東西就不值一晒嗎？我說的話都是屁嗎？我就眞的什麼都不行嗎？

我研究所有個同學，他當初選考研究所，就是爲了可以拖延當兵時間，讓他可以在當兵前考上國考，以免當兵會讓他腦袋空空。由於我們這所研究所除了法律以外，要必修一些經濟方面的課，對他來說，造成不少負擔，這也不是他原本選考這家研究所的用意。最後，他今年決定重考傳統的法研所，如果考不上，他也不想再繼續念我們這裡了，可想而知，對他來說，研究所這張文憑，完全不如律師那張執照，他根本不想拿。

爲什麼有些人考不過律師考試，卻寧願待在家中一考再考，而不願出去工作？可能的原因就是，他覺得自己就算出去工作，也會被別人、同學瞧不起，相反地，他只要想辦法考上律師考試，十年寒窗苦讀算什麼！一舉成名天下知之後，他說什麼就是什麼！這實在是很可悲的情況，一個人的價值觀就這樣因律師考試而受到嚴重扭曲，認爲除了考試，其他的東西都是沒有價值的，人生也是黑白的。除了考上，他沒有其他的路可走。

自大心態

幾家歡樂幾家愁，沒考上的人，人生沒有未來，考上的人，前途則是一片光明。我有個學長，他考上法官，他的女朋友則是考上律師。由於法官比律師難考，所以考上法官的人，會自己覺得比律師還厲害。學姊曾經說過，自從她男朋友考上法官後，每次跟她討論法律問題，就一副自己才是對的樣子，而且態度非常執著，完全不承認自己可能是錯的。這個例子顯示出，在沒考上以前，法律系學生的自尊與自信受到強烈的壓抑、扭曲，等到考上以後，他覺得自己既然獲得國家的認證，怎麼可能會是錯的，自信心馬上急速地膨脹、壯大。

通過律師考試的人，國家賦予其有接下任何與法律有關服務的權利，雖然實際上他連最基本的傳統民刑訴訟可能都還不熟悉，但是在法律上，他的確有權利接所有類型的案件。這一點也是讓法律人在通過律師考試後極度膨脹的原因。我有一些同學，考過律師考試，在跟我討論法律問題時，也是一副他是律師而我不是的心態，完全不願意聽我的說理。

我曾經去法院觀察過幾次，最令我印象深刻的，就是法官高傲的態度。我看到的法官，坐在高高的審判台上，不耐著聽著當事人陳述，不時羞辱和諷刺當事人，也暗示當事人請的律師能力太差，甚至，他還嫌書記官太笨，罵他居然不知道怎麼寫訴訟紀錄。我實在不懂，一個法官有什麼大學問，可以讓他自己覺得自己是如此的偉大，可以這樣不留情面地羞辱法庭裡面的任何人，甚至連在法庭中旁聽的我，也都覺得整個法庭屈服於他的淫威之下，讓我也感受到強烈的侮辱。

法官比律師難考，當然也比書記官難考，可想而知，一個考上法官的人，當然會瞧不起律師、書記官。其實，他比律師懂的只是考試考的法條而已，他並沒有比較聰明，但是在他的世界中，他可能覺得懂法條，就表示他懂得一切，懂得所有的眞理，甚至他不想聽當事人說清楚事實，他就好像已經知道事實經過，他也不想聽律師陳述法律，他自己最清楚法理。套一句法律圈中常用的形容詞，似乎，他眞的覺得他是「神」。

法律勝過一切

還記得我在第一章提到，台大法學院是很封閉的，它獨立在台大校總區之外，只跟政治系、經濟系的人互動。有形的封閉環境，造成無形的封閉心態。

法律系學生參加社會活動的比例相對於其他科系來說，是較少的。一方面因為法學院與總區有段距離，要參加社團活動很不方便，一方面有是因為他們畢業後能否順利找到工作，得看他們有沒有考過律師考試，所以也由不得他們蹉跎韶光。他們大部分的時間，都是在圖書館或是宿舍裡K書，他們不太參加其他活動。而且，不只其他科系或社團辦的活動，連法律系自己辦的活動，也很少有人參加。記得我大四時系主任很熱心地想要促進師生情誼，辦了幾次系遊，參加的情況實在是慘不忍睹，可想而知法律系學生是多麼地不願浪費自己的時間。

一般人或許會以為，法律系的學生應該最有權利意識，會很熱衷於學生運動、社會運動，關心國家大事。事實上，完全不是這麼一回事。我大部分的同學，每天都埋首書堆，既不看報紙，又不看電視新聞，國家大事全然不關心（除了要考公法組的同學得注意憲政時事），更別說什麼示威遊行、學生運動了（雖然中正紀念堂就在法學院旁邊）。法律系學生站在遊行隊伍的前面，是十年前的事情，現在只有國家考試最重要。

記得有位老師說過，在他當學生的時候，每當與政治系、經濟系的同學討論問題，就會發現不少法律系同學，幾乎都聽不進去其他科系對問題的看法，他們只會拿出法條說，法律就是這麼規定，所以這就是答案、是眞理。

其實，法條背後的東西，往往是政治的、社會的、心理的、經濟的、哲學的，是法律系學生無法駕馭、無能理解的，但是，因爲遊戲規則是由法律文字寫成，法律人掌控著制定遊戲規則、解釋遊戲規則、看懂遊戲規則的能力，反而讓他們以爲，他們只要知道法律，他們就什麼都知道，而所有事情也都應該按照他所理解的遊戲規則來玩。

階級複製

美國有名的批判法學者鄧肯・甘迺迪，提出了他對法學教育體系最有力的指控，那就是他認爲，整個法學教育，是在複製整個社會的階級。

我國的法學教育，可能也有相同的問題。試想，能考上律師、法官的都是什麼人？答案是：是家裡有錢讓他念完大學四年，且有錢讓他去補習班補習，甚至在他頭幾年考不上律師時，有錢繼續供他安心準備律師考試，不用為錢的事操心的那些人。一個家境貧困的人，除非功課好到可以每學期都拿獎學金，要不就勢必得要半工半讀。他為了讓自己念完大學，在課餘時間得打工去賺取生活費、學費，更別奢望他能拿出錢去補習了。因而，在半工半讀、有金錢壓力的情況下，除非他有堅強的意志力，要不然通常是不太可能考上律師的。在台灣，一個想當律師的人，一定要念完大學四年，繳交四年的學費，然後因為超低的律師錄取率，看到大家都去補習班，不去補又怕輸別人，他又得去補習班乖乖繳錢，而且必須沒有外務干擾，沒有金錢方面的壓力，讓他專心的準備考試一年半載，才有可能考上律師。

據統計，全國最高學府台灣大學的學生，有一半的學生，雙親之一有一人以上是公務員。這個統計數字告訴了我們什麼？是台灣的公務員太多了嗎？不是，是告訴我們，由於公務人員的收入穩定，公務人員的小孩較不會因為家中經濟因素而影響求學，而且在目前台灣什麼都靠考試的情況下，公務員又有錢可以供得起小孩去補習班補習，最後，居然考上台大的學生有那麼多的雙親之一是公務員。這還不值得讓我們反省我們的考試制度嗎？考試制度強調的是階級流動，讓沒錢的人憑實力也可以晉升上層階級，結果呢？變相的考試制度，最後還是只能讓那些有錢去補習、有錢安安穩穩念書，不用自己去打工的人，考上律師，而那些必須半工半讀的學生，考上的機率相對的就低很多。有人會想到我們的總統陳水扁，說他不就是家裡貧困，也能順利考上律師嗎？我要問，陳水扁在大學時代有打過工嗎？他在高中時代有幫家裡種田嗎？其實我們陳前總統的家境，根本不算貧困，至少不需要他出去打工賺錢，所以他才可以每天安心的念書，然後順利的考上律師。

L. M. Friedmon說過：「人們可以肯定法官不會是出身自升斗小民的階級，也不會是阿珠阿花那種一般的人物。英國司法界代表一個極端的個例。從兩個最高層次法院（上議院和上訴法院）來的法官，壓倒性地代表了殊少的上層階級。一八七二年至一九七二年間，上訴法院七十二名法官中，幾乎有三分之一是爵士或貴族的子女。西班牙的法官全部都是其他法官、官員、醫生或律師的子女。在西德，可歸類為上層階級或中上層階級的人口只有百分之五，而百分之四十六的法官是出自這個背景。下層階級占人口的百分之五十五，而出自其間的法官只占百分之六而已。」

這種階級複製的危險，就是那些有錢的公子哥大小姐們，哪裡眞正懂得民間疾苦，哪裡知道當事人的無知是所爲何來？無知難道是當事人想的嗎？他們如果當初有錢，他們也可以念書，也不用今天來花錢請律師還給律師罵，花錢到法院訴訟還給法官罵（記住，當事人是有繳訴訟費的，法官有什麼資格罵當事人）。這樣所考出來的律師，心中所想的會去如何去幫助貧困無助的當事人嗎？我看是在想幾年內可以升合夥人，月薪何時破十萬吧。

法律人治國

中國時報在二〇〇一年三月二十六日的論壇上，登了一篇社論，題爲〈法律人治國三思〉。這篇文章主要是想要指出，陳水扁當選後，上從總統、副總統，下至所任命的內閣一半左右是法律人擔任部會首長，所可能產生的危險。其指出了兩個關鍵點，一是法律人的能力限制，另一則是法律人以法爲尊的性格。

法律人的能力限制，尤其在財經相關知識上的缺乏，本書在相關處都略有提及（連法律學者都看不懂經濟學，你奢望陳水扁看得懂嗎？），因而產生最大的危險就是，由這些不懂財經相關背景知識，來主導國家財經政策的危險。人人都說前行政院副院長賴英照是財經法律專家，算是財經專家，陳水扁會任用他，似乎就是要拿來封殺這類批評「法律人不懂財經知識」的一棋。可是，本書第八章已經說到，法律學者研究財經法律的，懂得是財經法律的遊戲規則，但是在相關財經政策的分析、研究上，其實是很缺乏的，他們幾乎沒有能力看懂財經學者的研究成果。任命一個研究財經法律的專家，就能替國家來決定、執行相關財經政策嗎？

或許有人認為，美國泱泱大國，一半以上的政治人物，都是法學院畢業，所以由法律人治國，有利於我國邁向民主法治國家。

民主法治的確是任何國家都應該要努力的方向，但我不認為由法律人來執政，就會比較民主，這從下段陳水扁的例子可以看出。美國法律人治國之所以不會亡國，是因為每個法學院畢業的學生，在念法學院以前都念過其他科系，所以他們的法律人，背景知識較爲多元，而不是只懂得操作法條。相較於我國的法律人，他們比較懂得政治、經濟、社會、文化的相關知識，在問政上，自然就能拿出其專業知識來，而不是拿出大六法來翻法條。

至於所謂的「以法爲尊」的性格，就是說法律人認爲，什麼東西只要有法律規定，那麼他就可以使用，可以用盡所有可能的法律策略，而不顧其他。核四案就是最好的例子。

一九八〇年，台灣地區爲減輕能源依賴實施能源多元化，興建第四核能發電廠計畫是其中一部分。後因電力需求減緩，於一九八五年緩辦，其後又經多次討論、反覆。民進黨上台後，陳水扁爲了履行選舉中對反核人士做出的承諾，由行政院（張俊雄院長）片面宣布將不繼續執行由立法院通過的核四興建預算案。此舉引起軒然大波。

律師最常在法庭上使用的，就是對模糊的法條文字自行曲解、並進而強辯，扁政府在核四案上的策略亦如是。在核四案上，由法律人所組成的執政團隊的策略，就是玩法律遊戲，自行解釋行政院不執行預算案是合法的（即使預算覆議案被駁回過），因爲憲法沒說不能不執行。但是政治遊戲不是法庭上的遊戲，政治遊戲上的溝通、協調等技巧，反而比你一直堅持有什麼權力而不肯讓步來得更爲重要。

其實從任命行政院長，就可以看出陳水扁的法律人性格。法律人認爲，法律有給他的，他就有權去玩，例如律師考試一通過，國家就允許他接任何類型的訴訟，即使他不熟，他在法律上還是有權力是接這個案子。九七修憲的憲法，本來就是要學法國雙首長制，如果國會多數黨乃與總統不同政黨，總統就該任命國會多數黨的人選爲行政院長。當然，陳水扁一上任，馬上就看到憲法雖然希望採雙首長制，但是沒有明文寫出來，以法論法，他完全不用遵守雙首長制的精神。次者，他說他知道憲法是想採雙首長制，但是他是新民意，國會是舊民意，所以他也不用任命國民黨的行政院長。這很明顯地是一種玩弄法律文字的遊戲。更甚者，九七修憲後所希望組成的政府，讓國會多數黨來組成行政院，是「多數政府」，結果陳水扁任命國民黨籍的唐飛，號稱組成的是「全民政府」。

陳水扁的人格特質，其實跟大部分通過律師考試的人的人格特質相去不遠。他們一通過律師考試，就覺得自己什麼都會，可以做任何法律所賦予他可做的事。另外，他認為對法律的解讀（包括對憲法的解讀），認為只有我們法律人才說了算，其他的政治人物都看不懂，所以他可以任意創造名詞、玩文字遊戲。最重要的，我們的法學教育根本沒教過法律人如何溝通、談判、協調，律師考試也不考這個項目，結果導致扁執政時代，政府與國會的溝通盪到谷底。

Chapter 10

律師考試與法學教育改革

我認爲本書所討論的法學教育制度的問題，乃至於法律學術研究的問題，都來自於國家考試。所以，只要放寬國家考試錄取率，就可以部分解決法律教育和法律學術的問題。不過，我似乎沒有說得很明確，很多問題只是先提出來，並沒有提出具體的解決之道。

二〇〇六年起，考試院與教育部想要推動一個「學士後法學教育」的方案。在該方案下，一般大學法律系，將轉成「法務系」，其畢業生，只能考書記官、司法四等、五等等項目，卻不能考律師。只有學士後法學教育（專業法律學院，碩士等級）畢業的人，才有資格報考律師考試。

這個改革建議，有點來得太過突然。這不但嚇壞了很多法律系學生，連許多法律系的老師，都覺得太過倉促。故這引起很大的反彈，很多人開始批評那只是少數人的決策，根本沒有經過大家的討論。而更多老師則是擔心，要成立所謂的「專業法律學院」，有很嚴格的條件限制，最後可能全台灣只剩四所學校（台灣大學、政治大學、台北大學、東吳大學）能夠成立「專業法律學院」。

而學生們則認爲，這個改革其實是剝奪學生權益。雖然限制法律專業學院畢業才能考律師，但考試院願意放寬律師錄取率，作為交換，看起來好像對學生有利。但是這其實只是讓律師考試的競爭，提早到大學法務系畢業後，大家搶破頭想考進法律專業學院而已。這只會讓補習的現象提早，並不會解決補習的問題。例如，台北大學某位畢業兩年還在準備國考的學妹就說：「這個制度只是想讓大學畢業生考不上法律專業學院，早點死心去工作。」

某新聞電視台對這則新聞做成報導，說之所以法學界會開始重視法學教育改革，乃起因於我四年前出版的《千萬別來念法律》一書。但我根本不贊成這樣的改革，也鮮少被邀請參與討論。我書上強調，法學教育的問題在於律師考試太嚴格、錄取率太低，而不在於法律教育的學制。

總統府人權委員會

提出只有碩士畢業才能考律師的這項建議，除了少數學者的研究計畫外，最有影響力的，是來自於呂秀蓮副總統召集的「總統府人權諮詢委員會」的一項決議。該項決議建議：以後將逐步廢除大學法律系，改為學士後法學教育，將來律師、司法官只有學士後法律系畢業生才能報考。具體的時間規劃，當時規劃是在二〇〇八年起，將陸續把一些原本的法研所轉型爲「法律專業研究所」，而現行大學法律系在二〇一〇年逐步停止運作。二〇二一年以後，只有法律專業研究所的畢業生，才能參加檢察官及律師考試，法官則由有實務經驗的檢察官和律師中產生，不再另外招考。

我看到這樣的報導時，實在非常震驚，而且也覺得非常荒謬。最荒謬的是，這個決議居然是出自一個號稱是「人權委員會」的建議。眞不知這項決議到底是保障了人權？還是限制了人權？

作爲人權諮詢委員會，會做出這樣的決議是有些吊詭的。人權委員會的目的在保障人權，其職權之一就是可以針對限制人權的法律提出修改建議。但是這次作出的決議，居然是建議對國家考試的報考資格做更多的限制。也就是說，其一方面對法律系的入學資格做更多的限制，限制了人民的學習權；另一方面，對律師考試的資格做了限制，乃是限制人民的工作權。一個號稱人權委員會的單位，所做出的建議，居然是要限制更多的人權，眞讓人猜不透這是怎樣的人權委員會，也不知道這樣的建議，到底保障到了誰的人權？

本書第七章、第八章已經提及，我國法律研究所的教育，就是教導我們去抄襲德國、日本、美國的制度，而且從來沒有教導我們任何的實證研究能力。這些被邀請的學者，受到了這樣的教育，視野非常狹隘，就只知道美國有學士後教育，日本有專業法律所，德國有考試制度等等。就只知道看這三個國家。難道世界上沒有其他國家嗎？這些人難道不知道荷蘭、英國、澳洲、加拿大等先進國家，都不要求什麼學士後法學教育，也不會對考試錄取率做這麼嚴格的限制。

不出所料，這些法律權貴的建議是認爲：法律人素質不好，應該多學點專業，所以應該大學先去念別的科系，畢業後再來念法律系。說這些話的人不知道有沒有學過教育學？還是只有學過法律，欠缺教育專業？他們是根據什麼認爲，大學念過別的科系的人，學起法律就會比較快進入狀況？有什麼眞憑實據？有人可以比較荷蘭和美國的律師，哪一個比較優秀嗎？有人有做過研究，證實美國或日本的教育，就比英國、加拿大的好嗎？做出這些建議的法律權貴，本身就是「法律教育下」欠缺研究能力的人，建議要學美國學日本，看了眞令人啼笑皆非。

放寬考試限制，培養多元專才

到底像這樣的改革，是要想培養律師？還是要培養研究者？這可能是主事者必須好好思考的。畢竟因應不同要求所生的兩種人要用不同的方法來培養。不可能有一套教育制度，可以剛好培育出做研究的人才，又同時培育出實務工作者。因爲其根本的目標就是不同的。

若想培養多元的研究者，或者培養有多項專長的實務工作者。或許，學士後法學教育是一個不錯的選項。因爲大學時代他們念了其他的專業，研究所時代再來念法律研究所，或許眞的能給台灣的法律學術研究，帶進更多的多元研究途徑。而不會像現在只知道一味的抄美國、抄日本、抄德國。

但是我認爲，現在的法律人之所以不夠專業，或者說法律學者的思維過於狹礙、自閉，是因爲考試院所舉辦的考試太病態。其要求法律系學生，背誦太多沒有意義的知識、法條，導致法律系學生在學習生涯中，沒辦法花時間眞正去學有用的知識，反而是要在大三、大四，甚至是畢業後的五年內，一直反覆背誦法條和甲說乙說，浪費生命在補習班與考場中。這種背負著悲哀命運的法律系學生，如何能夠有時間去學習其他專業？

我在法律相關研究所念了五年，甚至現在當了法律系所教授，我看過太多的學弟妹與學生，考上研究所不好好念書，成天就是想著考國考，研究所根本沒有紮實的學習。他們的悲慘，有些是因爲同時要應付碩士班課業和律師考試，結果落得兩頭空，碩士讀了四年沒念完還得要休學。某些幸運兒，經過兩年的蹉跎，順利的考上了國考。但考上後，他們就想要有個學位，就草率的東抄西抄抄出一本碩士論文，而指導教授也希望他們快點出去工作，就放他們一馬。這就是爲什麼我國的法學教育無法進步，無法培養出有眞正第二專長的研究者。

而且，實際上若眞的採學士後法學教育，也未必眞的能夠培育出好的研究者。例如，會計系念四年，再來法律系念三年，這樣就眞的可以從事好的法律研究嗎？我想，這樣的人來從事法律研究，只是會把稅法讀得很通，但是稅法的理論，應該還是停滯不前。亦即，學士後法學教育培養的人，只是法律適用的領域會更徹底，但深度並不會更深。要培養有深度的研究者，光靠學士後法學教育是不夠的。

台灣有沒有這種具有法律專業和其他專業的人才呢！當然有，只是他們無法通過變態的律師考試。其實，只要能夠放寬律師考試錄取率，讓大家在大學裡面正常學習，到了研究所也能夠依照常態學習發展，自然而然，有的人就會肯花時間去修雙學位，有的人也會肯花時間去學微積分、統計學、經濟學，這樣長久以往，研究者的研究能力就會開始多元發展，根本不用靠國家強迫介入。

強制實習培養實務工作者

如果是想要培養律師，我就完全不能了解，爲何一定要學士後才能念法律。這樣念出來的法律人，就眞的會比較懂得眞實世界，眞的懂得法律的運作嗎？實在令人質疑。

有一位電台的名嘴，在電台上討論這則新聞時，講到一個歷久彌新的笑話。說台灣曾經有個女法官，在開庭時聽到性侵被害人說被強迫「吹喇叭」，不懂什麼意思，當場要求把喇叭拿出來。他用這個笑話，來突顯台灣的女法官，只有大學畢業而沒有人生閱歷，所以是不妥的。但我認爲大家根本沒搞懂這個笑話的眞諦。這個笑話突顯的不是台灣法學教育的失敗，而是台灣性教育的失敗。請問，難道大學先去念了另一個科系之後，再來念學士後法律，就會知道什麼是吹喇叭嗎？如果性教育成功，十五歲時就該知道什麼是吹喇叭了。

如果說一般大學法學教育培養出來的學生，不懂實務運作，沒辦法一畢業就上場打仗，其實解決之道非常簡單。只要讓大學畢業生在畢業的最後一年，強制至法律機構（法院、律師事務所）實習一至兩年，就可以解決這個問題。荷蘭和英國的法律系畢業生就是這樣，基本上只要是法律系畢業，就都可以取得律師資格，不必經過律師考試。不過，他們的法律系畢業生，卻必須強制至律師事務所實習兩年。實習兩年之後，所有的法律系畢業生，就已經知道實務運作，也能夠將學校所學到的法律條文、法律原理，轉化爲實際工作上的操作。

這種強制實習的制度，醫學院的學生已經採用多年。醫學院的學生，在學校第七年時，會去醫院實習，實習完後，即可至醫院上班。就算他們考不到醫師執照，他們還是可以在醫院上班，因爲他們具備問診治療的能力，而國家也需要多一點的醫療人員，一個月薪水還是給他們八、九萬的高薪。醫界向來並不會認爲這些沒考上醫師執照的，就是「限制行爲能力人」。

另外，若比較會計系的畢業生，他們也比法律系畢業生更幸福。會計系的畢業生，一畢業，絕對都可以去會計師事務所工作，而且做的工作內容，都和一般的會計師一樣。我有很多的會計師朋友都說，畢業後去事務所上班，如果幸運考上會計師執照，事務所只會發放兩萬元獎金，然後月薪加三千，然後繼續做著一樣的工作。亦即，沒考上會計師的人，和考上的人，其實差不了多少。當然，考上會計師的人，最後可能可以身爲合夥人或獨立執業，但基本上，考上和沒考上的人，實力根本差不了多少。

但是法律系畢業生卻不同，沒考上律師的，司法界就當這些人是「限制行爲能力人」，好像他們是垃圾，是廢物。他們只能在律師事務所做一些法務助理的文書工作，而完全不能夠眞正面對客戶提供法律服務。這些法務助理的薪水也少的可憐，起薪絕對不超過三萬，加薪加十年也絕對不會超過五萬。

這其實完全沒有道理。國家爲何要這樣糟蹋人才？或者說，司法界爲何要這樣糟蹋人才？爲何不給所有人都有實習的機會，讓他們眞正接觸司法實務工作，然後就讓他們有獨立執業的能力。接下來的事情，國家根本不必操心，強者自能出頭，弱者也會被淘汰。

台灣交通大學科技法律所的幾位老師，在這波討論中，提出的一個建議，或許是不錯的方案。他們建議，法學教育仍然擺在大學，但可增加畢業最後一年，由學校替學生安排，強制至各司法實務單位實習一年。在強制實習一年後，學生才取得律師考試的資格。因爲已經強制實習一年，學生們都已經了解實務工作，也清楚自己到底喜不喜歡法律工作。在歷經實習的親身經歷，可能會有某些人會決定退出戰場。剩下的人，既然已有實務工作經驗，結合了學校所學，就可以放寬律師考試錄取率。

目前的制度下，就算考上律師，還必須至事務所實習。但是找實習工作卻不容易，因爲國家並不會替你安排實習工作。所以，如果可以把實習提前，並由學校來幫學生安排，這樣學生就不會有找不到實習機會的問題。

所以，強制實習的建議，確實不錯，但必須搭配放寬律師考試錄取率。但是該放多寬，是百分之五十？還是百分之九十？或許又會有一番爭議。至少現在的百分之八實在低的離譜，我想大概乘以十倍，百分之八十，還比較人性。

兩階段考試改革方案

二〇〇六年教育部與考試院推動的學士後法律專業學院的改革，因爲受到各方質疑與批評，而無疾而終。但自二〇〇九年起，政治大學董保成教授被延攬至考試院後，開始積極推動新一波改革方案。其想將律師考試改成二階段，並適度放寬律師考試錄取率到百分之十一。但是其改革的動力，卻是因爲傳統的律師考試是考申論題，導致改題老師花太多時間改考卷，浪費老師的時間。

二〇一一年起，律師考試改爲兩階段。第一階段改出選擇題（測驗題），這樣學生答題輕鬆，老師改題也快。但是考試院卻要增加考試項目，加入國際公法、法律倫理和法學英文三科，而這三科是過去從來沒有考過的科目。第一階段的錄取人數，設定爲總考生人數的三分之一，可以進入第二階段考試。第二階段，則回復到原本的申論題題型，但考試靈活度增加，例如，民法、商事法和民事訴訟法綜合爲一大科，出題會出實體法和程序法配合的整合題目。而錄取人數也爲第二階段考生的三分之一，則最後錄取律師的人數，爲總人數的百分之十一左右。

但是這樣的改革方案，最初的動機，只是因爲過去考試都考申論題，浪費很多老師改題的時間。但考試院為何不思考，如此低的錄取率，浪費了多少考生的年輕歲月？雖然這個方案有略微放寬錄取人數，從過去的百分之八，到未來百分之十一，但實際的幫助還是有限。二〇一二年的律師考試，律師錄取人數將近一千人。但相對於每年五千名以上的法律相關系所畢業生，且每年都繼續浪費時間於重考而不投入就業市場，仍然是在浪費人力資源。

另外，考試院在第一階段選擇題題目中，加入法律倫理的部分。這個決定，讓台灣學界開始興起法律倫理的研究風潮，許多學校紛紛開始開設法律倫理這門課。但司法官和律師考試將把法律倫理放入考科、和法學系加入律師倫理這門課程，真的能夠解決律師不當執業、濫用訴訟制度、收費高昂、限制競爭等各種不倫理的問題嗎？應該不會。畢竟我們想改革的那些大律師，在金錢誘惑的執業結構中，他們只想爬升到更高薪的位置、接更多的高額案件，他們很難抗拒這些誘惑，更難跳脫出來改革自己。

整體來說，雖然考試院的主導者，已經認識到超低錄取率，對學生人力資源的浪費，以及生涯規劃的阻礙，而願意稍微放寬。此點，還是要感謝推動考試制度改革的一些學者，但是，放寬的幅度還不夠。但考試院的主導者，近來也開始思考，是否應該給某些考不上律師的人，設計比較簡單的工作執照，例如考取簡單的家庭法律師、或者勞工法律師等。但這樣的構想，目前還停留在討論階段。

考試答案不公布與大法官的阻撓

其實在律師考試改革上，不只是人權委員會不保障人權，號稱保障人權的大法官，隱隱然也已經埋下了很多不人權的阻礙。

政治大學法律系的陳惠馨老師曾提出，我們的律師考試，從來不公布參考答案或標準答案，讓很多考生無所適從。這些考生可能從來都不知道自己為何考得不好，每年都重考一次，年年落榜。但考試院不肯公布參考答案，不讓這些考生回家參照反省。這樣是不合理的。

但其實考試院的這項作法，早就已經得到大法官的背書。大法官在一九九三年曾經作出釋字三一九號解釋。當時就是有一個考生，參加完國家考試，想要考試院提供參考答案，也想要看自己的考卷，看看到底哪些地方寫的不好而被扣分。例如，可能是字體過於潦草，或是分點不夠清楚。考生會想要看自己的考卷，才了解自己哪邊答得不夠理想，這樣回去檢討、修正，明年捲土重來，可能就會更加進步，而不會重犯一些老錯誤。但是大法官卻作出解釋，認爲考生不可以要求看考卷。

釋字三一九號（一九九三年六月四日）解釋主文：

「考試機關依法舉行之考試，其閱卷委員係於試卷彌封時評定成績，在彌封開拆後，除依形式觀察，即可發見該項成績有顯然錯誤者外，不應循應考人之要求任意再行評閱，以維持考試之客觀與公平。考試院於中華民國七十五年十一月十二日修正發布之「應考人申請複查考試成績處理辦法」，其第八條規定「申請複查考試成績，不得要求重新評閱、提供參考答案、閱覽或複印試卷。亦不得要求告知閱卷委員之姓名或其他有關資料」，係爲貫徹首開意旨所必要，亦與典試法第二十三條關於「辦理考試人員應嚴守秘密」之規定相符，與憲法尚無牴觸。惟考試成績之複查，既爲兼顧應考人之權益，有關複查事項仍宜以法律定之。」

這號解釋告訴我們，我們不能要求重新評閱、提供參考答案、閱覽或複印試卷。似乎完全不承認我們有自主的或附帶的「知的權利」。現在很多學者開始討論人民的「知的權利」，但可笑的是，其實大法官在十年前就已經否定了人民的知的權利。似乎這些研究「知的權利」的學者，都完全沒看到我們大法官的這號解釋。

考試院作爲「院」的層級，是孫中山五權憲法中很重要的一環，此乃傳承中華民族長久以來對考試的重視。故大法官在相關解釋中，都一再地強調考試的重要。大法官不但在三一九號解釋中，義氣相挺考試院。在其他有關於國家考試的憲法解釋上，大法官不但也挺考試院，甚至連考試院認爲，某些實務工作者具有專業能力，並不一定要通過考試，但大法官居然說不可以，說所有的專門職業工作者，一定要參加國家舉辦的考試。

最明顯的就是釋字四五三號。當時有很多記帳人員，是會計專科畢業，就在幫人記帳。而且這樣的記帳工作一點都不難。考試院也認爲沒什麼。但後來考試院決定要增加一個「商業會計記帳人」的東西。原本考試院認爲，這個頭銜不一定要通過考試，只要有實務工作經驗，經過考試院認證就可以了。但是大法官比考試院還愛考試，他們作出了釋字四五三號，認爲所有的專門技術人員，都要考試，不然我們有這麼大的考試院，不是白白浪費了。

釋字四五三號（一九九八年五月十日）解釋主文：

「商業會計事務，依商業會計法第二條第二項規定，謂依據一般公認會計原則從事商業會計事務之處理及據以編制財務報表，其性質涉及公共利益與人民財產權益，是以辦理商業會計事務爲職業者，須具備一定之會計專業知識與經驗，始能勝任。同法第五條第四項規定：「商業會計事務，得委由會計師或經中央主管機關認可之商業會計記帳人辦理之；其認可及管理辦法，由中央主管機關定之」，所稱「商業會計記帳人」既在辦理商業會計事務，係屬專門職業之一種，依憲法第八十六條第二款之規定，其執業資格自應依法考選銓定之。商業會計法第五條第四項規定，委由中央主管機關認可商業會計記帳人之資格部分，有違上開憲法之規定，應不予適用。」

另外，大法官對於涉及考試的相關規定，幾乎都沒有宣告其違憲過，包括釋字第四〇四號解釋、釋字第三五二號解釋、釋字第五四七號解釋等，都宣告考試相關的限制合憲。可見就考試相關議題的部分，大法官並沒有受到外國憲法學理對於「工作權」保障的影響。事實上，大法官從來就很少保護人民的工作權。大法官反而基於五權憲法中對考試權的重視，而特別強調考試制度的必要性，由此可見一斑。

由此可見，我們想要放寬考試的門檻，或者修改律師考試中一些不合理的規定，不但法律界的既得利益者會大聲反對，甚至我們的法律圈的意見領袖大法官們，也早就透露出不贊成改一九九〇年時，就曾經認爲他們的律師錄取率過低，限制了人民職業自由，而宣告其違憲。我們的大法官乃至學者們，在這個問題上怎麼不看看德國的憲法法院的說理呢？

老師教學方式上的調整

政治大學的陳惠馨老師，一直都很關心法學教育的問題。她很有先見之明的指出，法學教育不是只有學制的問題，還有一個問題，是老師教學方式上的問題。

老師教學方式上有什麼問題呢？除了本書第一章、第二章、第三章提到的，考試引導教學外，其實還有很多其他問題。我認為最大的問題，就是老師的「教學自由」，自由得有點太過火了，導致很多老師其實都很敷衍了事，隨便亂教，而白白犧牲學生權益。

例如，本書之前說過，很多老師只喜歡教自己懂的部分，或把一些學說理論放的教學比例太重，甚至甲說乙說，講了半天，一學期結束，整個課程內容該教的內容居然不到一半。結果，很多學生只能去補習班補習，把那些老師沒教到的部分，在補習班補回來。這個問題就是老師濫用教學自由，在上課時天花亂墜，枉顧學生基本權益所導致的結果。

另外，本書第一章也提到，台大很多學生都會作共筆。以前這個問題很嚴重，現在好像有所改善。其實，學生之所以會作共筆，除了為了準備考試之外，另一個原因在於，老師上課沒有使用課本。很多老師上課不使用課本，就自己上課打開自己的筆記，開始天花亂墜，要同學在台下面猛抄。同學抄筆記的速度，當然沒有老師講話的速度快，就導致共同筆記的需求誕生了。

如果老師上課肯指定課本或提供講義，並且按照教學進度，認眞教學，那麼，學生其實也不太需要作筆記，老師也不會拖延教學進度，然後放牛吃草。

要如何解決老師亂教、不用課本講義，或拖延教學進度的問題呢？此時老師一定會主張，他們有所謂的「教學自由」，所以可以不用受到任何人的拘束。他們說，根據憲法第十一條，人民有講學自由，而且根據大法官的解釋，這包括大學老師的教學自由。其實，憲法第十一條的意思，可以是「教育機構有教學自由」，但是教育機構聘請的人，未必有教學自由。不過，一定有人會告訴我，根據大法官的解釋，大學老師就是有教學自由。不過我並不在意，因爲大法官常常亂說話，而且常常說錯話。

反觀補習班老師的狀況。各位想想，補習班老師可以主張什麼教學自由嗎？試想：高點補習班的老師教得這麼好，難道他們可以說，他們今天想要談一個高深的理論，然後整個三小時都在談一個高深的理論，而不管進度嗎？如果眞是這樣，這種老師老早就被補習班開除了。

我自己也曾經在補習班教非法律系的人一些法律課程。根據我親身體驗，補習班老師眞的沒有太大的教學自由。課程的進度，班主任早就排好，課程的講義，有時候補習班也都準備好。倘若補習班沒有準備講義，班主任還會要求老師你一定要編寫講義，讓同學有東西看有資料念。而且，補習班還會強迫安排考試時間，還要求老師一定要出題目，並且考完給予講解。讀者要知道，台灣最有效率、教學品質最好的法律教育機構，就是補習班了。補習班是最重視學生權益的教育機構。但是他們的老師絕對不可以主張什麼教學自由。

補習班會這樣約束老師，其實是可以理解的。因爲從教育的角度來看，上課給同學課本或講義，這樣同學吸收的效率才會高。這比起老師在上面講，同學在下面猛抄筆記，來得有學習效率多了。另外，要求老師按照教學進度進行，也是合情合理。倘若老師不按照教學進度，只講自己喜歡講的，那麼這絕對就是剝奪學生的權益。另外，考試也是能夠增進學習效果的一個方式。故補習班會安排類似期中考、期末考的考試，也是爲了督促學生吸收與練習。

但是現在，大學法律系太強調老師有教學自由。每個老師，有的愛用課本，有的不用課本只用講義，有的根本什麼都不給就隨便亂扯。有的老師雖然有用課本，但卻都不按課本上課，反而天花亂墜，聊他家裡的事、聊政治、或老提當年勇。甚至有的老師遲到早退，完全不顧學生權益。

我至今仍然深刻地記得，我大學時期教親屬法、繼承法的郭振恭老師曾經說過，學生上課最好有一本課本，然後跟著老師進度，乖乖地在家複習。而他絕對是遵守自己的建議而採用這個方式。他上課都會指定一本書，然後原則上跟著課本的進度走。不過，有的時候，他若有需要補充的東西，是課本沒寫到的，他也會提醒我們，要將這些補充的東西記在課本的第幾頁上。甚至，每節下課前，他都會出一道題目，要同學回家練習，等下次上課時，他就會和大家檢討，提供解答。看起來，這種教學方式好像把學生當成是一個國中生、高中生，把學生都當笨蛋。不過，實際上，我相信有上過郭老師課的人，應該都會在期末的教學評量上，把郭老師的教學成績打上第一名。因爲他的教法眞的都有顧及到學生的權益。當然這跟郭老師講笑話的功力有關。

我自己念博士班後，也開始在學校教書，而我也參考郭振恭老師的方式。我一定會指定一本教材，如果沒有教材，我一定會提供講義，讓同學有東西看。而且，我都儘量會按照教學進度來走，並且儘量把課程教完。不過有的時候還是要因材施教，可能要放慢速度或加快速度。但基本上我都儘量避免上課閒聊，浪費同學時間。有的時候，課本上沒寫到的東西，我希望補充給學生，也會學習郭振恭老師的方式，要求同學補寫在課本上。不過有一點我仍然做的不夠，就是我比較少出實例題供同學練習。事實上，有些班我會偶爾練習一些實例題，有些班則沒有。這有點像國中數學課本後面都有演算題讓我們練習一樣。根據我的經驗，那些我有出練習題讓他們練習的班，考試通常都考得比較好；而那些沒有練習的班，就算我考試open book，也未必能考好。

不過，我所採用的一項教學方式，或許是失敗的。我一直希望法律教學可以注意理解，而不要背書背法條。所以我所開的課，我都說考試可以看法條，也可以open book。但是幾次下來的經驗，我發現有的學生眞的很混，他們認爲既然有法條看，甚至有書本看，平時眞的就不念書，等到考前才臨時翻一下課本，大概了解一下章節的順序，以方便考試時找答案能夠找快一點。當然，這或許是因爲我教的學生，本來就不是很愛念書的一群。我幾經反省後，覺得open book或許有點過頭，而會造成學生打混摸魚的現象。但是我仍然堅持，法條是可以看的，同學不必背法條。其實，如果平常不念法條的人，就算考試時給他看法條，也不一定能找到正確的法條來用。

陳惠馨老師主持的教育部法學教育創新教學研究計畫，就是希望能夠讓許多法律系的老師共同討論，找出一些比較好的教學方式與內容。其推動的重點，主要強調案例式的教學、上課時以案例討論和學生進行對話，並用本土實際法院的判決，作爲教學方向。在這個大型計畫的推動下，確實開發了不少有趣的教材。但是，雖然在教學階段試圖上學生閱讀更多實務判決，參與更多案例討論，可惜，若學生缺乏學習意願，其效果仍然有限。也許，這樣的方向，放在研究所的課程會更爲適合。而且，在此這樣的計畫推動下，讓教材更爲多元，但是卻沒有協商出共同的基本內容或基本授課大綱，是否會讓考試的素材變得更多，而讓學生更痛苦呢？

但我認爲，這是一個好的方向，讓老師重視教學，也讓更多老師思考如何更有趣、有效率的授課。我認爲在大學階段，實在不該強調老師的教學自由，畢竟現在的大學生也不是非常聰明或積極。到了研究所階段，或許還可以給老師一些教學自由，讓老師與學生充分討論、自由思辨。但是或許也不能給研究所老師過度的教學自由，可能偶爾還是要約束一下老師。畢竟現在有太多研究所的老師，教書都隨便教，根本都不準備，就叫學生上台報告。好像學生念了研究所就一定會報告一樣，難道都不需要老師指引嗎？

結論

最後，我仍然必須強調，法律教育的問題，大部分都出在國家考試上。所以，只要解決國家考試的問題，就應該可以解決一半以上的法學教育的問題。因而，我具體提出以下四項建議：

1. 將律師考試改爲資格考，放寬律師錄取率到六成以上。
2. 不可將學士後法學教育定爲律師考試的資格。
3. 大學延長爲五年，最後一年由學校幫忙安排強制實習。
4. 要求老師上課有基本的規範，協商出共同課程大綱，約束老師上課需用教材、需根據教學進度來走。

除了這四個武斷的建議之外，或許還有很多法學教育的問題，可以好好的檢討。但我相信，強制採取學士後法學教育，要求法律專業學院的畢業生才能考律師，這絕對是一個錯誤的方式。當歐洲和美國都在檢討他們國家對專門職業的管制是否過於嚴格時，爲何我們仍然固守考試傳統？仍然堅持考試的必要性？而且還一直想把考試愈變愈難、資格門檻愈提愈高？

Chapter 11

走上不歸路——該如何學習法律？

很多人當初看到這本書的書名「千萬別來念法律」，以為我眞的是叫大家不要來念法律。事實上，我只是想指出法律系的教育生態如何被律師考試影響，並進而影響法律系學生的悲慘命運。對於想要念法律的人來說，我還是很鼓勵他們來念，但希望他們事前知道他們父母、老師沒告訴他們的事情，讓他們看清未來的人生命運，早點進行規劃。以下，則是我個人對法律系學生提供的一些建議。

大一新生如何選系和選校

常有高中生寫信給我，他很徬徨，到底該念某校的英文系，還是念另一校的法律系。或者，就算想念法律系，卻不曉得該念哪一個學校較好？

我同意一般常說的「選系不選校」的觀念。我覺得，選系比較重要，選校不是那麼重要。因爲大學教的東西都很基本，並不是像研究所。選研究所要比較在乎校與校間的差別，因爲不同研究所的師資差很多，需要碰到好老師，才可以把你的研究方法教好，或影響到你的未來出路。但是念大學，大學課程那麼多，你總是會在眾多老師中碰到好老師的，所以影響不大。而且只要是同一個系，各大學的課程規劃也差不多。所以，選系比選校還要重要。

但我還是先從選校說起。有人會說，台北的資源多，所以應該念台北的學校。對研究生來說，的確是這樣。台北的學術活動多，學校密集、老師多，找資料也多。對研究生來說的確是資源多。但對大學生來說，我想應該沒差。大學生的本分，就是把課本念好，不需要額外的資源。

當然，如果你想要補習考公職這件事情，北部的確資源多，補習班多，老師也強。但你若真的是認真的學生，也不需要特別考慮補習這件事。畢竟現在補習班都很進步，很多上課內容都已經數位化，中南部的連鎖補習班也可以看到北部上課的內容。所以若就補習這點，也沒必要特別到北部。

不過，如果家裡不缺錢，有錢供應到北部念書，提供住宿費、交通費等，到台北念書也不錯。畢竟你是進來台北體驗另一種生活，進入台灣的金融政治商業中心，體驗台北的花花世界，認識不同的人。念文組的人，將來畢業後也很可能會在台北工作，若能在求學時期先到台北熟悉這個環境，開開眼界，對人生體驗也不錯。就像很多人覺得一定要出國留學，也就是想去開開眼界，但是那個前提是你家裡不缺錢。若是想省點錢，挑個離自己家比較近的地方念書就好了。另外，台北雖然能讓你開眼界，但是也有它墮落邪惡的地方，來台北念書的外地小孩，必須能夠克制自己，抵擋某些世俗拜金的誘惑。

說完選校之後，更重要的是選系。因爲你念什麼系，會影響到你畢業後容不容易找到工作。很多父母對市場就業情況都不了解，會自以爲是的給兒女建議。說念法律系好，畢業後能當律師、司法官。問題是，並不是每個念法律系的學生畢業後都有辦法考上司法官或律師。所以一定要更清楚畢業後的就業市場狀況，來決定自己要選什麼系。

如果是政治類系所和法律類系所相比的話，我覺得差異不大。政治科系或法律科系的畢業生，若畢業後不選擇考公職或考證照，那就是去找一份文職的助理工作。如果選擇考公職，政治類、公共行政類、法律類系所畢業的學生，可以報考的公職都差不多。我們也常看到政治系的學生考上律師，法律系的學生考上行政科公務員。所以，若是社會類組的同學，在掙扎要念法律還是政治，其實法政類科都差不多，不需要太過掙扎。重點在於，你入學後有無持續認眞念書。

最後，如果你眞的要選擇念法律系，則需要早點看清社會現實，並提早規劃自己的法律人生。

如何準備推甄

推甄評分，分成書面審查和口試成績。但因爲口試會問你的問題，往往是老師從你書面資料中看到的，而進一步追問你，所以書面資料非常重要。

但同學們有時候還停留在高中生的思維，例如在書面中說明自己的興趣，是「唱歌、逛街、上網」。如果興趣眞的只有唱歌、逛街、上網，請同學千萬不要寫在推甄書面中。

我建議，在書面的資料中，要刻意突顯自己爲何想念這個科系。例如，想念法律系，那麼在自傳或報考動機中，可以說因爲家裡曾經出現法律糾紛，無法解決，才知道法律的重要性。或者說自己的親戚就有從事法律工作的，因爲很嚮往親戚所從事的工作，所以也想要選讀法律系。在自傳或報告動機中這樣寫，會讓口試老師認爲，你的學習動機很強，也許進大學後會眞的認眞學習，而不繼續從事所謂的「唱歌、逛街、上網」這種興趣。

書面資料中，同學往往會寫一個大學四年的學習計畫，其中，不管那個科系，同學都會說要持續加強自己的語文能力，包括大一、大二，要持續自修，每天聽英語教學節目，大三、大四則要考外面的英文檢定考試。但實際上，同學們的高中成績單上，英語這一科每年都在及格邊緣，如果這麼喜愛英語，爲何高中就不好好念書，而大學卻規劃自己會認眞學英語呢？同學這樣寫雖然很好，有點發憤圖強的志氣，但是有時會讓老師覺得整份書面資料是否都是說謊資料，根本都做不到。

報考法律系推甄的同學，在書面資料中，也會說，大三就要參與基礎的公務員考試，大四畢業就要考上律師。雖然我們的確鼓勵同學在大三提早去接觸外面的公職或證照考試，但是同學想要大四畢業就考上律師，成功機率實在太低了。如果你換個寫法，說大四畢業後，要給自己二年的重考時間，去補習班補習，認眞重考，希望在大學畢業後二年內考上律師，這樣還比較貼近一般情況。當然，老師不該潑學生冷水，但同學們這樣寫，表示根本不了解念法律這一行，不知道念大學到底有多少挑戰、畢業後又有什麼挑戰。所以建議同學一定要去請教念相關科系的學長姐或前輩，請他們給一些務實的建議，協助你規劃你的四年學習計畫。

最後，在口試時，有的老師偶爾會問同學一些法律時事，看同學是否眞的對法律有興趣。不過，回答的重點不在答案，老師是想聽你的口才或表達、組織能力。重點也不在於你贊成死刑或廢除死刑，而在於你的理由。所以，回答任何一個專業問題，最好都臨時想辦法編出一套台詞，千萬不要回答二三句就沒了。

我自己在口試時，最喜歡問的一個問題，還是學習規劃的問題。我喜歡問：「同學，你上大學後是否要出外打工？」很多同學會說，認為打工可以提早學習獨立自主、接觸社會，提早培養工作能力，所以會在課餘去打工。我不太喜歡聽到這個答案。因爲學校才是培養你未來工作能力的地方，打工只是壓榨你的勞力與血汗，而且什麼都學不到。在私立學校，大部分同學都是放著學校的課業不念，放學出外打工，每天打工到晚上十二點，早上的課都爬不起來上課。這種在大學時期一直打工的同學，通常課業成績都不好，甚至會延畢。縱使提早出社會有了打工的經驗，但因爲大學成績不好，所以未來能從事的工作，也停留在22K，相當於打工的工作。所以同學們切記，千萬不要告訴口試老師，說你認爲打工很好，可以提早培養獨立自主的能力。不過，有一例外，就是你可以說你只願意在校內打工，而不會到校外打工，避免影響課業。

給剛推甄上法律系的大一新生

同學們，很恭喜你們順利通過推甄，進入法律系。有的同學很積極，寫信問我在開學前這段期間，可以做些什麼準備、念些什麼書，讓我有點感動。但也很怕這樣的熱情，很快就會消退。

你們知道我有寫一本《千萬別來念法律》嗎？我想那是你們很需要閱讀的。因爲你們對法律系的了解與想像，可能停留在畢業後可以當律師、法官、檢察官。但你們大概不知道，這些考試的錄取率之低，大多數的同學都考不上，而會有很多挫折感，甚至後悔進入法律系。

所以，我建議你們得先了解台灣法律系的生態，以免進入法律系之後，會與你的期待有很大的落差。

其次，我也擔任大學推甄口試委員的工作，發現每一個來推甄的人，寫的資料都很漂亮，理想都很高遠。如果說同學眞的能夠秉持最初的熱忱念法律系四年，那我也樂觀其成。但很多老師在口試完之後就私底下說：「現在每一個都講得這麼好聽，將來入學後就完全不一樣了！」甚至，有老師說要留下你們的推甄資料，當以後你們蹺課時，要把你們當初寫的遠大的計畫給你們自己看。

在學校任教過，我所知道的眞實情形卻是，同學們大一進來開始玩社團、體驗自由的大學生活。而缺錢的也開始打工，根本沒時間複習課業，漸漸也不來上課。大二開始，同學蹺課情形愈來愈嚴重。就這樣一路走到大四，問一些同學畢業後到底想幹嘛，他們好像也沒有明確的目標。也許是對國家考試缺乏信心，對未來似乎也沒有規劃，只是走一步算一步。

推甄上大學的同學，你們非常幸運，在高中的最後半年，可以不用再受到考試的折磨。但是我擔心你們現在不用再準備考試，就以爲不用再念書，如脫韁野馬。將來進大學後心收不回來，不再願意在書桌前面熬夜苦讀或做題目，這樣的話，你們其實已經被畢業後的就業市場淘汰了。

所以，我希望你們能夠遵守自己的承諾，遵守你們自己在甄試資料或口試時講的那些高遠志向，眞的入學之後，繼續秉持這種積極的態度，認眞求學。

若問我在推甄上到開學這段期間，可以念些什麼書，我建議中文就不必加強了，倒是英文絕對要繼續補強。尤其是原本英文就沒念好的人，眞的要持之以恆。大學還是有很多英文的必修、選修課；將來畢業以後，參加國家考試，還是會考英文；就算考不上國家考試，想去私人企業上班，英文能力還是非常重要。

此外我建議同學開始培養看報紙的習慣，尤其從報紙中的時事新聞中，發掘一些法律問題，產生一些問題意識。這些問題意識是很重要的，進大學後，不太會有老師逼你念書，如果你沒有很強的學習動力，往往會覺得法律條文很枯燥無聊。但你若能從報紙中的社會、財經新聞，產生問題意識，將來上課之後，一邊有系統的學習法律，一邊也找尋那些問題的答案，應該是有幫助的。

走上法律這條不歸路

我過去曾在私立大學法律系任教，私立大學的排名，由於學費未受政府補助，所以比公立大學後面。因此，在大學聯考選塡志願時，學生都優先選塡公立大學，然後才塡私立大學。自然，私立大學收到的學生素質較差，未來畢業後參加考試、就職等的競爭力上，也往往不如公立大學畢業生的表現。

台灣的律師考試、司法官考試，錄取率都很低。公立大學法律系的畢業生，未必能夠全考取律師，私立大學法律系的畢業生，要考上的更難。因此，我常提醒系上的同學，選了法律系這條路，就是一條不歸路。別的科系畢業後不用參加考試，可以直接就業，看工作能力或職場表現而升遷。但法律系畢業立即失業，如果沒考上律師或公務員的話，也找不到什麼好工作，只能一輩子當個小法務助理。

由於許多家長不清楚法律系學生畢業後的情況，以爲讓自己的小孩去讀法律，將來就能當法官、當律師，而在大學聯考分發時，幫子女塡選法律系當優先志願。等到這些大一新生入學後，才開始聽到老師、學長姐，告訴他們法律人的悲哀，此時他們已經上了賊船，來不及下船。

而我每年在剛開學頭幾個星期，都會苦口婆心，告訴我的學生，既然上了賊船，就要認命，並且應提早規劃大學四年，畢業就是失業而作準備。

台灣大學流行一句話，進大學要修課業、社團、愛情三種學分。因此，很多學生認爲一定要參加某個社團，學校也舉辦社團介紹活動鼓勵學生參加社團，認爲這可以增進同學人際關係、增加辦活動經驗等。很多學生往往爲了社團活動而熬夜、蹺課，最後換來不及格、延畢。因而，我常告訴學生，不要浪費時間在社團上面。畢業後若考不上律師或公務員，沒人會因爲你在社團時的優秀表現而錄用你。

但這些私立大學的學生們，聽不進去老師的這番話，他們的父母也不了解其中的利弊得失，沒有引導孩子做正確選擇，只不切實際地以爲子女畢業後可以當律師。因而，每年都看到許多快樂的新生進入大學，開始「任你玩四年」的快樂生活，活動一個接一個辦，卻不買課本、不來上課，等到大四或畢業後，才開始後悔選擇法律系。

每年畢業的謝師宴上，他們請老師上台講幾句話，我心想，若此時再告訴他們，當初早就告訴他們不要浪費這四年，也就不會面臨畢業即失業，或現在才開始思考要不要去補習班補習、準備重考等問題。但講這些，只是落井下石，只好講些鼓勵他們的場面話了。

不要再打工了

台灣私立大學生有一個很不好的風氣，認爲大學時期要開始打工賺錢，提早接觸社會職場歷練，順便賺點生活費。因而，許多學生晚上沒時間念書，上課體力不濟或乾脆蹺課。

我問這些學生，爲何不來上課或不交作業，他們回答，家裡窮，沒錢給學費、生活費，所以要出去打工。而因爲打工，所以回家沒時間寫作業；或者打工打太晚，隔天早上睡過頭，爬不起來上課，所以蹺課。

打工這個理由，會比玩社團、打電動等其他理由，來得正當。但我認爲，若因爲家境因素而需要打工，更不該爲了打工而耽誤學業。怎麼說呢？當然要從我自身的例子說起。

我從大學一年級開始，因爲家裡也欠債，所以就不肯再跟家裡拿錢。我不但自己付生活費，每學期初也要自己想辦法付學費。因而，我就開始瘋狂打工。我算是幸運的人，因爲念台大，可以找到高時薪的家教工作（一小時四百、五百），但儘管是高時薪，我還是一個星期排了六個晚上家教，瘋狂搶錢。搶錢的下場就是，我大一法科三個主科，被當了兩科。

這個結果，讓我駐足反省。我打工是爲了賺學費，結果卻沒把書念好，就算賺再多的錢，也沒達到最初繳學費的目的。因而，我開始約束自己，一個星期只接一個學生家教，約花兩個晚上，一個月可能只有八千元的收入，勉強支應我的生活費，生活省吃儉用一點，並存一點錢下來，作爲下學期的學費。

等到念碩士班時，我更決定不要去家教了，該把時間都留下來念書。如果眞要賺生活費，就接一些研究助理或所上的工讀金，或靠一些時有時無的稿費收入，生活照樣過儉樸一點，過得去就好。由於我碩士班、博士班都不再接家教，常常助理費只夠付生活費，不夠付學費，所以碩一下我就開始申請助學貸款。

到了念博士班，博一時我也很窮，也只好繼續申請助學貸款。博二開始，已經在外面兼課，並寫稿賺錢，賺得愈來愈多，但是覺得助學貸款是免利息的，不申請也浪費，也就繼續申請，一直到畢業爲止。

我爲何提說這些呢？就是想說，同學們常告訴我家裡窮。但是我想你們再窮，也不過跟我家一樣窮，家裡負債再多，大概不會比我家欠債還多。但我也是靠自己打工、助學貸款，熬了九年，念到博士。我想你們也一定可以。

但我更想說的是，同學千萬不要爲了打工，而荒廢了課業，這樣是很不值得的。因爲你就是爲了念這個學位，才要去打工，如果爲了打工而荒廢課業，那不是違背了初衷？

想想看，父母看到你們因打工而荒廢課業，會怎麼想？他們可能更加自責，自責沒辦法供你們無憂無慮的念書，害你們又要打工，又無法念好書。

而且你們的目的若眞是爲了搶錢，那就直接出去賺，何必半工半讀呢？其實現在再怎麼搶錢，賺錢速度還是很慢。不如把書念好，將來畢業出去工作，賺錢的速度才快。現在花半年打工賺的錢，畢業後可能一個月就賺到了。要記住，半工半讀的目的，主要是讀，而不是工，一定要搞清楚優先順位。

所以，我會建議同學們，如果可以的話，學費的部分，就去辦助學貸款，至於生活費和房租等，如果眞要打工，還是少打一點，賺的錢夠用就好，省吃儉用一點。你或許會想，太省的話，沒辦法出去泡妞、沒辦法跟同學出去唱歌、玩樂，這樣很遜，甚至跟同學會疏遠。

但我認爲，人總是要做選擇。以我自己爲例，大學幾乎是不太跟同學出去唱歌、玩樂。說來慚愧，我大學時人際關係不好，比較獨來獨往，許多班上的課餘活動我都無法參加。一方面是因爲我下課後要打工，沒有打工以外的時間必須念書，另方面是班上的課餘活動需要花錢，但我必須省吃儉用。不過，至少我靠著省吃儉用，念完了大學，而沒留下太多債務。

助學貸款幫助你完成夢想

台灣有很好的助學貸款制度，若家裡經濟負擔有困難，可辦理免利息的助學貸款，等到畢業工作一年後，才開始算利息。甚至，助學貸款中可以借款的項目愈來愈多，已經包含生活費和住宿費。

但很多學生有錯誤觀念，認爲貸款是欠錢，畢業後就會欠一屁股債。實際上，大學四年都辦理助學貸款，所借的總金額也不過就是一台小汽車的錢。而同學若把書念好，工作一年就可以賺到一台小汽車的錢，可把所借的錢還清。我會建議真正家境清寒的同學，透過助學貸款的幫助，專心念書，取得好成績，讓自己畢業後可以考取功名或找到好工作。

助學貸款到底什麼時候該還呢？其實助學貸款是免利息的，但這個免利息的優惠到什麼時候呢？一般都是到你最後一個學業階段畢業後，給你一年的緩衝期，讓你這一年開始工作，存點錢，一年過後，銀行就會寄通知單給你，告訴你要開始算利息了。當然，如果男生有當兵的話，那麼就是等你當完兵，才開始計算一年的緩衝期。以我爲例，我二〇〇五年博士畢業，二〇〇六年當兵，當完兵後又等了一年，到了二〇〇八年才收到銀行通知，要開始算利息的帳單。二〇〇八年暑假某天，我騎腳踏車跑了兩家銀行，把碩士班階段和博士班階段的助學貸款還掉了。一口氣拿出幾十萬左右來還債，是有點傷，兩本存摺裡面一時間只剩下了零頭。但把這筆債務搞定，也算是一個小解脫。

助學貸款這個制度很不錯，讓你當完兵的一年，不用擔心債務的事情，先出去工作，存一點錢。你如果這一年內存的錢夠多，可以一口氣還完。如果存的錢不夠多，也可以分期慢慢償還，不過要開始繳一些利息。但至少助學貸款的制度，是讓窮的人也能夠念完大學，讓他們有一個進入社會公平競爭的機會。

某個學期，有一個修課的大四畢業班學生跑來告訴我，如果我再當他這一科，他就要被二一了。而他說他也是靠助學貸款念了這四年書。我質疑他，既然是自己貸款的學費，爲何不好好念書呢？就是因爲錢是自己將來要還的，才更會更心疼，更認爲付了這些錢，要付得有價值。

我想起我大學畢業時，四年修了一六八學分。畢業規定是一四八學分，爲何我到大四還狂修學分呢？原因無他，因爲我想，學費是我自己賺錢付的，當然要付的有價值，一定要狠狠的物超所值，能修多少學分就修多少學分。

但同學似乎都沒想到這一點，學費是自己付的，還不對自己負責，竟縱容自己不認眞課業，導致瀕臨二一危機。試想，如果眞的二一了，跟銀行借了四十萬，最後竟然一張文憑也沒買到，那這四年借的錢，不就白借了！根本就是人財兩失。

這個同學應該不是個案。我有一個交情很好的高中同學，不知大學從第幾年開始，他老爸就開始不願意幫他付學費，要他自己辦助學貸款。但他好像也沒感覺，大學還是慢慢的念，最後念了十年，除了部分知名藝人外，他大概破了台灣紀錄。

我在想，會不會是因爲學費是銀行出的，辦貸款讓他一點都沒有心痛的感覺，所以他認爲無所謂，覺得能念多久就拖多久，不積極地爭取盡快畢業，反而是努力地想繼續賴在學校。誇張的是，他大學畢業後，還眞的考上了碩士班，讓他可以繼續賴在學校裡，繼續用助學貸款付學費。哇！等他畢業那年，助學貸款的總額一定很驚人，但他現在可能沒想到那麼遠以後的事情。

如果眞是因爲有銀行幫你們付學費，導致你們不痛不癢，而不珍惜這個學習的機會，我想那你們就太不懂事了。

人的命運各有不同，有人生來有錢，有人生來窮。我們不能只停留在怨天尤人，而應該努力向上。政府出錢讓每個窮人能申請助學貸款，並幫大家付利息，就是希望幫每個人都能夠念完大學，而念大學，就是讓每個人都能夠有基本的競爭力。

我自己就是這樣，靠著助學貸款，念完了博士，搶到了進入中高社會階層的門票。這多少都要靠助學貸款的幫忙，才讓我這個家庭負債累累的人，也能夠有這個機會。

有了助學貸款，窮人還是有希望的。如果家裡付不出學費的同學，一定要去申請助學貸款。但既然申請了貸款，是花自己的錢念書，更該好好念書。雖然你可能需要爲了賺生活費而打工，但你可以過得節省一些，夠用就好，千萬不要爲了打工而荒廢課業。把時間留下來念書，萬萬不要延誤了畢業的時間。

初學者如何學習並理解法律？

念法律的初學者，一開始一定會覺得法律很枯燥無聊，甚至難懂，因爲法律人的用語奇怪，不是一般的通俗用語，有點古文的味道，很不通順。所以我建議你，如果你剛開始念法律，盡量去找文字比較通順的書來讀。

我常常建議初學者念一些有案例的書，因爲法律某程度而言，其實就是在分類，用抽象的用語，分類什麼是過失，什麼是故意，什麼是有認識過失，什麼是無認識過失。這麼多抽象用語，看完還是不懂。但如果多看一下有案例的書籍，或許會念得比較有興趣，也念得比較有「法感」。

例如現在某些教科書會強調有「案例」，或者雜誌上的文章，會像王澤鑑老師的書，都會用案例作爲導引開場白，透過案例，讓抽象的法律概念活了起來。若是要我介紹幾本案例式的書，民法方面，當然首推王澤鑑老師的民法概要、民法總則。王老師是第一個知道要用案例來作爲引導，然後用樹枝圖建立體系的老師，所以他的書才會如此長銷。

另外，我也會建議對入門者，可以多看一些簡單的法律入門書。爲什麼要多看這些簡單的法律入門書呢，一方面是因爲學校老師往往講授理論、甲說乙說，廢話了整個學期，一部刑法只教了兩三個條文，看那些簡單的法律入門書，可以讓自己先快速地瀏覽過一遍該法的基本知識，比較不會有見樹不見林的問題。而且這種書是寫給一般人看的，所以用語不會像純法律人寫的那麼僵化、八股。

另外，在學習過程中，乃至後續的複習過程中，我會建議學生多看報紙對時事的法律分析等等，好靈活運用，讓法律變得生動有趣一點。報紙上的政治新聞、社會新聞，其實就有很多有趣的法律議題，甚至這些有趣的法律議題，都可能成爲考試上的題目，例如每年憲法考題很多與時事有關，刑法考題也是。有些報紙，不只是會報導新聞，還會進行簡單的法律分析，學生可以讀這些報紙，看這些分析，與自己記憶中的法律概念相對照，看看他們分析得有沒有道理，還是自己可以提出其他的分析。現在也有幾個網站，例如台灣法律網，常常會有律師寫的一些時事法律分析的文章，就滿不錯的，可以養成每天閱讀的習慣。

記憶法律及準備考試的方法

要如何把法律念懂，又眞的了解裡面的體系與法條細節呢？重要的是，在面對考試時，如何能將讀過的東西寫出來呢？畢竟，法條這麼多，案例這麼多，背完又忘的事情一再發生，究竟該如何有效率的記憶及準備考試？以下，我提出三個建議。

一、自己作筆記

老實說我自己是很不會背書的人，所以書讀過好幾遍，法條還是記不住，裡面的爭議點也記不住。但自己當老師教書以後，發現凡是自己任教過的科目，自己彙整過上課講義，發現就比較記得起來，也比較有體系的感覺。

所以，我發現一個方法。其實這個方法，跟很多考取國考的人會給的建議一樣，就是每一科自己可以作一個筆記，將自己讀過的東西，用寫的自己整理下來。然後以後讀到新的東西，再補充進去。聽說作這種苦工的人，最終都能順利考上國考。

我自己沒有用手寫筆記的習慣。但在製作上課講義的過程，常常是用打字在電腦檔案中，例如打在Word檔中，或簡報檔中。但其實很類似寫筆記，只是比較偷懶，因爲我打字比寫字快。我準備一科教學，會先挑選一本教科書，閱讀這本書的重點，整理進我的講義或簡報中。然後再讀另外一本。讀到另外一本時，就會發現不同的書，果然體系不太一樣，每個學者強調的重點也不一樣，舉的案例也不同。此時，我就可以將第二本書所指出的問題點，補充到我原本的那份講義或簡報中。以此類推，多讀幾本書，繼續補充我的講義或簡報，我發現我對該科眞的愈來愈有心得。

二、練習說出來

此外，我也發現一件事，就是我沒教過的新科目，而且往往在教過一輪、兩輪之後，我連法條的條號都可以背起來了。我這麼不愛背法條的人，居然也能用這種方式把條號起起來，自己都感到驕傲。所以我又得出另一個心得，就是你若能把你讀到的知識，很主動地講給同學聽，或跟同學討論過，凡討論過、或講過一遍，你應該會更有印象。

所以，我建議同學可以多尋找機會去「講」你所知道的法律知識。這些機會在哪裡呢？例如你可以在課堂上或課堂後，跟老師討論問題，你也可以在考試前跟同學討論問題。透過討論，其實你就是把你知道的法律知識講出來。講過一遍，印象深刻。

三、多練習考古題

我出學校考卷考題，都是拿考試院考過的考題來出。我看了幾年的考題之後，發現，其實考來考去，考的重點就是那些，或考的題型就是那些。

所以，我很鼓勵同學一定要去練習考古題。如果是選擇題的考古題，重複出現的機率非常高。如果是申論題的話，雖然重複出現的機率不高，但是問題的重點與方向，仍然大同小異，甚至也可以用過往的類似題目，猜出未來的考題趨勢。

準備考試就是要多練習考古題，從考古題的練習，才能熟習法條或觀念的應用。以前念國中、高中時學「數學」，不是只學公式，還要多練習考題，才能把公式運用熟悉。過去的大學法律系教育比較不重視考題的練習，也很少出作業讓同學回家練習題目。相對地，補習班的書籍，有比較多的考古題整理，則可補強這一塊。所以建議有心準備考試的考生，可以搭配補習班書籍閱讀，在挑選補習班書籍時，必須挑裡面有穿插整理相關考試的考古題的書，然後勤於練習。此外，第一次看考題時可能不知道解答，可先看一遍答案，過一陣子自己重看題目而不看答案，自己另外用紙寫出答案，檢驗自己是否能夠完整把法條或該題答題重點寫出。

以上，我得出三個很簡單的結論，這三個結論應該是在考場打滾多年的人比我還清楚：

1. 自己製作講義或筆記

2.自己多跟老師、同學討論問題
3.多練習考古題

讀書要有伴　才能長長久久

讀書讀了二十多年了，深深領悟一個道理，就是讀書一定要有伴。

就拿念法律這件事情來說好了，國考之路這麼漫長，如果沒有個伴，怎麼撐下去呢？通常畢業後，也要認眞考個三、四年，才能考上。往往考到第二年，差一分，但都已經花了兩年了，還要考第三年嗎？如何才走得下去呢？

我高中念新竹中學，在高二以後選擇念文組，當時有個好同學，喜歡拉我去圖書館或K書中心念書。我們兩個，是當年新竹中學文組的前五名。我們雖然每天都去圖書館，但照樣打球、逛街、寫情書追女生，並不全是書呆子。我們每天去圖書館或K書中心，眞正念書的時間，可能只有一半。但爲何這樣，我們卻能書念的比別人好呢？

重點就在於我們夠持久。一般人念書，可能考前才臨時抱佛腳，或是一時發下宏願說要認眞念書，結果三分鐘熱度，拼了兩個禮拜，就開始鬆懈。而面對人生那種重大考試，例如聯考、研究所考試、國家考試，需要的不是三分鐘熱度，而是要花一年、兩年的長期作戰。這個時候，需要的是持久，而不是短暫的威猛。

而想持久，最重要的，就是要有伴。有個伴，能夠拉你一起去圖書館。有時候，你想偷懶，他會督促你；有時候，換他想偷懶，你會督促他。有時候，你們兩人都念累了，把無聊當有趣，開始互考對方抽背，或互相考對方超難的題目，透過小小的競賽，把無聊的課本，變成有趣的問題。你們可以來點更大的競賽，互相比小考、期中考、期末考成績。反正你們注定就是要念這麼無聊的東西，爲何不正面思考，把它當作一種比賽來競爭，而樂在其中呢？

但是，在苦悶的長期作戰中，生活不必只有念書。偶爾，你們可以一起偷懶一下，去打個球、逛個街、看個電影。小小的偷懶，其實影響不大，因爲重要的是持久。若因爲小小的放鬆，而能夠繼續撐下去，這樣不是壞事。

說到這，我就想提到補習班的作用。通常，補習班的老師，確實教的不錯。但是，補習班還有其他功能。去補習班，通常就是複習。你自己一個人在圖書館K書，K久了也無聊。補習班不但幫你排進度、排考試，重點是，你無聊的時候，去聽補習班老師講講笑話，舒緩一下，不就可以讓長期作戰中，有多一些的變化。當然，你若沒錢去補習班，你也可以去學校旁聽相關課程。不要覺得是浪費時間，那只是讓苦悶的複習生涯中，變出一些花樣罷了。

至於我，已經脫離背書考試的日子很久了。從大學畢業之後，我念書是爲了研究。但研究也是一種苦悶無聊的長期作戰，若沒有研究伙伴，我也持續不了太久。在碩士、博士班階段，我幾乎都是睡研究室渡日。每當寒暑假到了，一個人每天悶在研究室，同學都不上門。那時，就會希望三不五時有個人來研究室串門子，讓我解解悶，聊一下，或出去吃個飯，舒緩一下我的壓力。縱使和朋友一聊天混了二個小時，但放鬆一下又重新找到動力，就能夠回研究室繼續讀那些苦悶的法學理論。

畢業後工作與考試的規劃

法律系渾渾噩噩念了四年，畢業後之後是要準備考試，還是該出去工作呢？

如果你畢業後想要考律師或其他法律相關考試的話，家裡如果又不缺錢，我強烈建議學生花點小錢，去補習班補習。去補習班補習有一些好處，就是可以由補習班督促你複習進度，並且補習班老師可以幫你重上一次課。在學校上第一次時可能聽得懵懵懂懂，到補習班聽第二次就會聽得更懂，且補習班名師多半教得比學校老師好。

而且補習班的人都很奮發向上，你也一起去補習班念書，比較能夠感受到那種衝刺的氣氛，你也會一起衝刺，這樣會讓你念書念得比較持久，不會三天打魚兩天曬網。

不過，如果你缺錢必須先去工作，那就沒辦法去補習了。畢業後想考試，但又必須養活自己、得先出去工作的人，我則會建議，在找工作時，盡量找跟法律有關的工作。例如可以去律師事務所當小助理，或者去應徵跟法律有關的任何行政工作，就算月薪兩萬出頭也去做，沒關係。至少，工作跟法律沾到邊，工作時還可以偷翻一下小六法，持續接觸法律，這樣勉強可以一邊工作一邊繼續念法律。

對法律系同學，畢業後想要參加考試的人，我建議，我們不要好高騖遠，想一步登天，例如只想考司法官，而不屑考其他基層考試。我建議，考試是一個長期作戰，爲了在長期作戰中不失去信心，應該先從簡單的考起。例如先考司法五等考試，考上個司法行政警察（法警），有信心後，一邊工作，一邊再準備難度高一點的考試，例如考上五等，再拼四等，考上四等，再拼三等。就這樣，慢慢考，先考上簡單的，有了一份工作，對考試有信心或有一點心得後，再考難一點的。這樣比較不會對考試失望。而且這樣的好處就是，你也可以一邊從事法律工作，一邊繼續念書。

不過基本上對於這種要半工半讀的學生，眞的很辛苦。只能祝你好運了。老師我就這樣熬過來了。相信你們也可以。

男生當兵期間如何準備考試

有即將要當兵的網友寫信問我，當兵期間如何準備考試。

我建議同學，當兵對男人來說，眞的很浪費時間，但如何不要浪費這一年，就很重要。所以，這一年不要打混，在當兵期間還是要持續地讀一些法律書，而且所有可以報考的考試，都要去報考。

爲何會有這種建議，不是我個人的經驗，而是出自我的觀察。我當兵的時候，我的同梯都是碩士或博士班學生，每個都很認眞，有四個人在準備公費留考，其中三人同時在準備出國申請學校，另一個則在考國內的博士班。另外還有一個人則是在考建築師。跟這些用功的同袍同一個單位，實在讓我很汗顏。他們每到休息時間，都很認眞地立刻拿出書本，甚至還爭搶寢室僅有的書桌。而我，從來不和他們搶書桌，我買了一本「水滸傳」，有空休息時間就躺在床上看一點，但後來也懶散了就沒看了，連水滸傳都看不完。

但這幾個同袍不是蓋的，其中一個人，雖然當兵那年沒考上公費，但退伍後再考一次，終於讓他考上公費。另外一個人，後來考上國內的博士班。當時還有一個當兵的學弟，他休息時間也都在準備高考，當兵那年去考雖然沒考上，但退伍後一次同袍的婚禮上，他就告訴大家他考取了。可見當兵這一年，眞的不可以浪費時間，雖然不一定能在這一年就一次考取，但至少這一年累積的實力，可能隔年就會展現出來。

我覺得準備任何考試，都一定要持之以恆。當兵期間，吃完晚餐之後常常有休息時間，或者晚上沒出公差也都是自修時間，甚至中午吃完飯的午覺時間也很長。這些零碎的時間，若能充分利用，也可以讀不少書。但零碎的時間不能讀太深奧的東西，最好是讀一些記誦的東西，一次讀一些，讀不懂還可以請教同梯的弟兄。例如，如果要準備公職的法學知識（憲法加法緒），那麼，除了讀一些基礎教科書外，每天可以撥出固定的時間練習一些題目。一個短暫的休息時間剛好夠你練習一題，學習一個觀念，不多不少。如此持之以恆，應該會有收穫。

另外我也建議一個小撇步，我是我觀察同梯爽兵得出的心得。就是當兵期間，各種考試多多報考，不要眞的只報你想考的，沾到邊的，只要時間不同，有錢報名，都應該去報名。因爲，當兵期間參加國考是可以請公假的。不要客氣，有假一定要想辦法請，就算犧牲點報名費也値得。

研究所如何學習法律英文

學習英文，最重要的就是要持續。而誰能持續到最後一刻，誰的英文就學得好。不過，做任何事，若沒有一點樂趣，往往都無法持續下去。所以，要如何幫助自己在學習中找到樂趣，或者至少不會一直遭遇挫折，就是讓自己能持續學習英文最重要的一件事。

通常，讀英文會因爲不斷出現單字，而需要不斷查單字，而查單字又往往耗費時間，阻礙閱讀的興趣，而讓人不想碰英文。因此，若能解決查單字的問題，讓查單字不要這麼耗費時間、讓其變得快一點，不要打斷閱讀、學習的樂趣，是很重要的。這時候，可以運用一些輔助工具。

我推薦使用網路的即時翻譯軟體（例如譯點通Dr. Eye）。我以前研讀英文論文，喜歡從資料庫抓取論文的電子檔全文，我可以用翻譯軟體的即時翻譯功能，一看到不會的單字，就按右鍵點一下，馬上就出現那個字的意思。這比用翻字典，或在電腦上key in某個單字然後翻譯，來得快多了，節省我很多查單字的時間。

這樣的好處是我的閱讀不會被單字打斷，可以快速地大概知道那個單字的意思，然後繼續往下讀。但因爲我都沒有記下這些單字，只是點一下就繼續往下看，下一次出現可能又忘了，只好再點一次。不過不怕，往往讀到最後，某一個重複出現的陌生單字，我可能會點選查詢四五次，查了幾次之後，最後我自然就記住了這個單字。

另外，學習英文，有時候若不想查單字，也可以用「猜」的，看前後文猜那個單字的意思，這樣也可以避免因查單字而打斷閱讀的樂趣。不過，要怎樣才能猜得準確呢？這時候，最好就是你對那個英文文章的主題，先讀一些中文資料，有了背景知識，再讀英文文章，有時候就算英文看不懂，猜一下，也就可以順利讀下去了。

例如，我以前大學時有空會看一點China Post或Taipei Times等等的英文報紙，當時雖然也沒查單字、也很多上面的單字看不懂，但是由於先知道報導的就是一些發生的新聞時事。而這些時事，我已經先看過中文報紙或電視新聞了。先了解了這個新聞的來龍去脈，再來看英文報紙，就算看到一兩個單字，有時候也不用查，就猜得出在講什麼，不但不用查單字，反而直接學一些新單字。

當然，上面說的只是克服查單字的痛苦，省下一些查單字的時間，避免造成閱讀障礙或打斷閱讀流暢的問題點。不過我要強調，讀法律英文不是只讀一些法律英文單字，而是要把整個底子打起來，包括最基本的文法結構，和一些常用動詞。所以最好是好好精讀一本原文書。若整本書的單字都查了、文法都懂了，大概整個功力都上升了好幾層。

我建議，可以找一兩本英文書，從頭到尾念一遍。英文書隨便選一本，最好跟你專業有關，例如要考法研所就去讀一本英文的法律教科書。不必限定哪一本，但必須認眞讀完一兩本，把一些基本文法、常用字詞讀懂。

若是想學法律專業英文，則可以透過一些介紹法律專業英文的字彙的書籍，比較正確地先搞懂一些專有名詞。

至於考上研究所的人，在碩士班一年級的時候，也一定會遇到課堂上老師指定太多英文讀物，而痛苦不堪的日子。剛念研究所的人，老師指定這麼多英文讀物，學生一定會念得很辛苦。有的時候單字也查了，但由於專業背景不夠，對全文還是不太了解。而到上課報告時，因爲欠缺經驗，一旦被老師打斷，也可能慌了，手忙腳亂，報告到哪一段都不知道。因爲看英文本來就沒有看中文快，所以當下想再去看原文找自己到底報告到哪裡，可能看了老半天，還是會迷失。這些都是碩士班一年級常犯的錯誤。

我認爲碩士班一年級，的確是應該花點苦工，好好的磨一下英文。尤其對念法律的同學來說，我們沒有學什麼研究方法的課，外語可能就是我們唯一的研究工具。必須透過慢慢地磨，才會提升到一定的程度。所以，查單字、學文法，一句一句慢慢咀嚼，雖然很慢，但這是一定要扎扎實實訓練基本功。千萬不要想要走捷徑。例如有人會把英文論文的電子檔，用google翻譯軟體作全文翻譯，好像報告時就有中文全文對照看，不用辛苦查單字。但實際上，翻譯軟體翻譯全文，一定錯誤百出，畢竟每個英文單字在不同的脈絡下會有不同的意思。自己讀一定比翻譯軟體全文翻譯的結果好。而且這樣就喪失了紮馬步、練基本功的用意。雖然可能課堂報告順利結束，但英文底子卻很空虛。不過，倒是可以透過翻譯軟體，先把全文大致翻譯一下，翻譯出來的東西文法雖然非常不順，但可以對照中英文看，然後再一句一句對照英文，去修改翻譯軟體翻出來的狗屁不通的中文句子。

在課堂報告的時候，一定要切記一點，英文寫作的方式，每一段大概都是講一個觀念，而第一句話往往是本段的重點。當我們一次報告要報告太多頁，往往讀到後面，就忘了前面，或者報告到一半，老師一打斷，臨時一慌，也搞不清楚自己報告到哪，下面接著寫什麼也都臨時想不起來。最好的方式，就是在每段後旁邊做些小筆記，提醒自己這一段的重點。這樣一邊報告原文，一邊看自己旁邊註記的重點，就可以比較快掌握下一段的意思。

或許你會覺得，研究所老師爲何都叫我們讀英文，是不是老師自己想念什麼新東西，就叫我們陪著念。我以前是有這種想法，但後來想想，無所謂，不管指定的reading到底是不是最適當的文章，就算這篇文章根本與課程無關，我就當學英文，用力學好文法和新單字是最重要的。因爲，這將來都會是你自己的能力。

結語

由於很多學生，都是在不清楚法律教育與律師考試的情況下，對法律系充滿了憧憬，就進入法律系就讀。但就讀之後，才發現律師考試很難考，而法律也很難念。許多人念得渾渾噩噩，並不確定自己到底有無念懂法律？有人雖然覺得念懂了，但是屢次參加律師考試都無法考取，而感到灰心喪志。上述提到的各種學習法律的方法，以及持久作戰的方法，是希望提供給這些法律入門者參考。當然每個人的學習方法不同，我所建議的方法，不一定每個人都適用。但我身爲法律系老師，仍然盡我所能地，將我所能想到的各種學習方法、記憶方法、持久作戰方法、人生規劃等，都與讀者們分享。希望這本書及這一章的內容，能夠盡早點醒同學，讓同學們從渾渾噩噩中盡早立定志向，掌握學習法律的方法，並盡早規劃自己的「考試人生」。大家一起加油！

博雅文庫 038

千萬別來念法律

作　　者　楊智傑
發 行 人　楊榮川
總 編 輯　王翠華
主　　編　劉靜芬
責任編輯　蔡惠芝
封面設計　藍珮文
出 版 者　五南圖書出版股份有限公司
地　　址　106 台北市大安區和平東路二段 339 號 4 樓
電　　話　(02)2705-5066
傳　　真　(02)2706-6100
劃撥帳號　01068953
戶　　名　五南圖書出版股份有限公司
網　　址　http://www.wunan.com.tw
電子郵件　wunan@wunan.com.tw
法律顧問　林勝安律師事務所 林勝安律師
出版日期　2013 年 8 月初版一刷
定　　價　新臺幣 320 元

國家圖書館出版品預行編目資料

千萬別來念法律 / 楊智傑著 -- 初版 . -- 臺北市 : 五南 , 2013.08
面； 公分 , --（博雅文庫；38)

ISBN 978-957-11-7176-0（平裝）

1. 法學教育

580.3　　102011805